嫌われたくない…でも、
軽く扱われたくない！

# 言いにくいことをハッキリ言っても好かれる人の習慣

能町光香

すばる舎

# はじめに

「言いたいことを言えず後悔した」という経験はありませんか？

「言ったら関係が悪くなりそう」
「言うと相手を傷つけてしまうかも」
「ちゃんと言える自信がない」

このような理由から、自分の思いや考えを伝えることをあきらめていませんか？

以前の私は、言いたいことが言えず、人と話すのが億劫。できれば人に発見されないようにすみっこに隠れていたい。人の前で話さないといけないとき、心臓がバクバク音を立て頭が真っ白に。そんなタイプでした。

ところがある日、あることがきっかけとなり、「新しい世界」の扉をノックする日がやってきました。そのきっかけとは、心も身体も悲鳴をあげた「挫折」体験です。

私の社会人としての大きな挫折は、入社1年目に訪れました。

「これから社会に出てがんばろう」と心に誓い、明るい未来をかかげ、働き始めた矢先のことでした。突然、身体が言うことをきかなくなってしまったのです。それは、知らないうちに溜めこんでいたストレスによるものでした。

「これではいけない、自分の人生が流されてしまう」。それが素直な気持ちでした。

でも、どうしていいのかわからない。わかっていることは、「このままの自分ではいけない」ということだけ。

「こんなに我慢していたなんて」と気づいたのは、身体を壊してからでした。自分の心に大きな蓋をしていたのです。

「他人の言いなりになる人生からサヨナラしよう」

その気持ちが、私の人生を大きく変えていきました。

覚悟が決まると、頬をつたう涙もしだいにかわいていきました。
そして、その日から「新しい世界」に足を踏み入れることになったのです。
その「新しい世界」とは、こんな世界です。

ハッキリ言っても嫌われない世界。
ハッキリ語っても受け入れられる世界。
ハッキリ伝えても愛される世界。

そんな世界があるとしたら……。

そうです。そんなワンダーランドのような世界が、実際に「存在する」のです。あなたは、まだその世界に足を踏み入れていないかもしれません。
また、その世界に憧れているけれども、最初の一歩をどのように踏み出していいのかわからないだけなのかもしれません。

本書を手に取った方は、その「新しい世界」へのチケットを手に入れました。それは、「ありのままの自分」でいられるという極上の体験チケット。

「新しい世界」の住人たちは、次のことをよく知っています。


「ハッキリ言ったほうが嫌われない」

「ハッキリ語ったほうが受け入れられる」

「ハッキリ伝えたほうが愛される」


「言わなかった後悔」より、「言えた喜び」を感じたい。

そう願っている人は多いのではないでしょうか。


本書は、「ありのままの自分」でいても好かれ、愛される秘密が書かれています。

あなたは、自分を偽って、「人生はこんなもの」と割り切って生きたいですか？

それとも、自分にも周りの人にも素直になって、「ありのままの自分」を表現しながら生きていきたいでしょうか。

ひとりでも多くの人が、ハッキリ伝えることで、人生を楽しみながら「主役」として生きていくことができれば、著者としてこんなに嬉しいことはありません。

ハッキリ言っても嫌われない人生。
ハッキリ言うことで愛される人生。

さぁ、新しい世界への扉を開けましょう。

もくじ



第1章

# 他人に合わせすぎていませんか？

## 第2章 ハッキリ言ってもなぜか好かれる人の共通点

第3章

# この言い方で、角を立てずに自分を通せる

# 第4章 笑顔で上手に流せるようになるコツ

# 第5章 人生でプラスになる人間関係を築いていくために

イラスト　高旗将雄
カバーデザイン　小口翔平（tobufune）
本文デザイン　上坊菜々子（tobufune）

# 第1章

# 他人に合わせすぎていませんか？

1

# つい場をおさめることばかり考えてしまう…

「余計なことは言わないほうがラク」

「角を立てないようにしよう」
「対立するのが面倒くさい」
「場の空気を読むようにしなければ」
「なるべく穏便にすませよう」

こんなふうに思っていませんか？

30歳までの私は、まさにそういうタイプ。

今振り返ってみると、それは意識したうえでの行動ではなく、「無意識のうちに」そんなふうに振る舞っていたことに驚かされます。

自分がどう思い、考えているのかは別として、そうするのがいいに違いない、**「どうせ私の言うことなんて聞いてもらえない」**と思いこんでいたのです。

なぜそのように振る舞っていたのでしょうか。それは「自分にとってラク」であったから。

どんなときでも**「うまく場をおさめる」ことで、他の人からの反対意見や非難を受けずにすむ**ので、自分にとって好都合だったのです。

周りの人からは絵に描いたような「いい人」として映っていたことでしょう。

ところがある日、「どうせ私なんて」と思ってはいられない状況がやってきました。

「私はこう思う」「私はこう考えている」、そう伝えなければ、生活が成り立たない状況に身をおくことになったのです。

## いつの間にか「自分がない」人に

それは、新卒で入社した会社を辞めてオーストラリアに日本語教師として半年間滞在したときのことです。

日本から一歩外に出てみると、今までの振る舞いがまったく通じません。

自分の意見を言わない、むしろ、**「いい人」でいると「何を考えているのかわからない人」とレッテルをはられ、会話にすら入っていけない**のです。

人の輪に入っていけない寂しさ。周囲からは、「自分が『ない』人」と思われていたようです。私にとって、青天の霹靂でした。

学校へ行くと、「日本人が珍しい」環境のせいか、いろいろな人たちから矢継ぎ早に質問されます。

「What do you think？（どう思う？）」

「How do you think？（どう思う？）」

それらはどれも私にとって唐突な質問であり、「えっ、私ってこれについてどう思っているのかしら?」「あれっ、私ってこのことについてどう考えているのかしら?」などと考えてばかり。

挙げ句の果てに、かわいい生徒たちから「先生、早く答えてよ。日が暮れちゃうよ」「先生、それじゃ、明日まで答え待ってあげる。また明日くるね」と言われる始末。

まさに「しどろもどろ」という状態でしたが、それは、自分を深く知るいい機会になりました。

このように、毎日多くの人から質問を浴びていたおかげで、考えたり悩んだりする時間すらなく、すぐに行動せざるをえませんでした。

その行動とは、自分の思いや考えを相手にきちんと伝えるということ。

「私はどう思うのか？」

「私はどう感じるのか？」

「私はどう考えるのか？」

**相手が気持ちを伝えてくれたら、自分の気持ちも相手に伝えることで、はじめて会話のキャッチボールができるようになります。**

会話は、一方通行ではなく、双方向のやりとりにより成り立つもの。

完璧な答えなんて言わなくていい。「場をおさめる」ことよりも、「自分の意見を言う」ことのほうが大切であることがわかったのです。

## 謙虚さは本当に美徳？

日本人の生徒を受け入れるクラスのオーストラリア人の先生と話をしていたときのことです。

「ミッキー（私のあだ名）、日本人の礼儀の正しさは、世界一ね。素晴らしいわ」

「ありがとうございます」

「先生を敬う姿勢があり、授業も一生懸命聞いてくれて嬉しいわ」

「日本では、謙虚さを美徳とする風習がありまして」

「そうみたいね」

「はい」

「でも、日本人の子たち（生徒たち）は、もっと自由に自己表現してもいいんじゃないかしら？

私ってなんて素晴らしいのかしら、って思うぐらいがあなたたち日本人にはちょうどいいのかもしれないわね。オーストラリア人にそう言ったら大変なことになりそうだから言わないでおくけれど（笑）」

「そうかもしれませんね（笑）」

「自分を表現する喜びを知ると、人生がもっと楽しくなるわ」

## 自己表現することで自信がついてくる

このやりとりを聞いて、どう思いますか？

「オーストラリアと日本では文化が違うから」とひとことで片づけてしまう人もいるかもしれません。

たしかに国が違えば、価値観や風習も異なります。

でも、そうやって言い訳をして「自分」を狭い鳥かごに閉じこめてしまっていませんか？

「自分を表現する」ためには、自分の考えや意見を言わなければなりません。

慣れないうちは、不安を感じてしまうものです。

私も本を執筆したり、何十万人もの読者がいる連載コラムを執筆したりし始めたとき、「こわい」という気持ちが幾重の波となり押し寄せてきました。

「執筆する」というのは、「意見を言うこと」つまり、「自分を表現すること」に他ならならなかったからです。

さらに、自分の書いたものが見知らぬ人たちのもとへと届けられると思うと、不安が募りました。心配のあまり、心が押しつぶされそうになったこともあります。

でも、一度「自分を表現する」喜びを感じられたら、あとは「こわさ」よりも「嬉しさ」のほうが少しずつ大きくなっていきます。

少しずつではありますが、打ち返す波のように自然な流れで、確実に「喜び」へと変わっていくのです。

2

# 本当はひとこと言ってやりたい！

## 遅れてきた相手に笑顔で「いいよ」

こんな経験をしたことはありませんか？
たとえば、待ち合わせにいつも遅刻してくる友人がいるとします。
「遅れてごめんね」という友人に、「大丈夫」と笑顔で答えてしまう。
心の奥底では、「なんとかしてほしい」と思っているのになかなか言い出せない。

なぜ、遅刻してきた相手に合わせてしまうのでしょうか？
遅刻してきた「相手」のほうが「あなた」に対して誠実な対応をしなければならな

いはず。それなのに、待ちわびていた「あなた」のほうが「相手」に気を遣ってしまう。きっと、心のどこかにこんな思いがあるのではないでしょうか。

**「嫌われたくない」**
**「相手を傷つけたくない」**
**「反論されたくない」**

多くの場合、主にこの3つの理由があります。そして、この3つには、ある共通点があります。

## 他人を基準にした生き方

それは、どれも「相手」が「自分」をどう見るか、どう思うのかという視点、つまり、「相手の物差し」で考えているということです。

「自分」ではなく「相手」の考えや価値基準によって、物事を判断しているとしたら、自分の人生を他人に明け渡しているようなものです。

映画『愛と哀しみの果て』のなかで、開拓者のカレン・ブリクセンが次のように言うシーンがあります。

「私が何よりもおそれているのは、人生の終わりに自分が誰か他人の夢を生きたと気づくことだ」

あなたは、両親や身近な人など、「相手」が望む人生を送っていませんか？
あなたの「生きる道」は、あなたが導いていますか？
たった一度きりの人生。
自分以外の誰かではなく、「自分」で決めた人生を歩みたいですよね。

3

# 不本意なのに、相手に合わせてしまう理由

## 我慢することに実はメリットがあるから

「つい相手の望みに合わせてしまう」という人は少なくないでしょう。

なぜ、相手に合わせる努力をしてしまうのでしょうか。

実は、あなたにとって「メリット」があるからなのです。自ら「相手に合わせる」ことを選んでいるのです。

「えっ?」と思う人もいるかもしれません。

「相手に合わせてあげているのだから、相手にメリットがあるはず」

「相手にメリットがあるのはわかるけれど、自分にメリットがあるなんて」

「我慢しているのは自分のほうなのだから、メリットなんてとんでもない」

きっとそんなふうに思うことでしょう。ところが、実は、自分に「メリット」があるから、相手に合わせているのです。

「まさか」と半信半疑の人もいるかもしれませんね。でも、自分が相手に合わせることを選択しているとしたら、相手に合わせないことも選択できると思いませんか。

決めるのは「あなた」。自由に選択できる権利は、「あなた」にあるのです。

それでは、これから相手に合わせることの「メリット」を見ていきましょう。

次の3つの点が挙げられます。

**① 相手から嫌われずにすむ**
**② 相手を傷つけずにすむ**
**③ 相手から反論を受けずにすむ**

つまり、先に挙げたとおり、「嫌われたくない」「傷つけたくない」「反論を受けたくない」気持ちを満たすために、相手に合わせてしまっているということです。

しかし、これらはあくまで恐怖を回避するための行動であって、満足のいく解決にはつながりません。

まずは自分のなかにある恐怖心とじっくり向き合うことで、解決策が見えてきます。

4

# 「嫌われない努力」はムダだった？

## 敵をつくりたくないのは本能だけど

人は誰でも、「嫌われたくない」と思うものです。どんな人からも嫌われても平気という人は、まれでしょう。

ささいな意見の食い違いやちょっとした口論であっても、「ヒヤヒヤした」「ドキドキした」など後味が悪い経験をしたことがあるのではないでしょうか。「なんとなく嫌な気持ち」が残るものです。

先ほどの友人が遅刻した例を見てみましょう。

**「遅刻したことを指摘すると嫌われてしまうかも」という気持ちから、「何も言わないでおく」という選択をし、さらに、ご丁寧に笑顔まで添えて「大丈夫、私は何とも思ってないから」というふりをする。**

そうすることで、相手から「嫌われる」ことを回避できます。たとえ、自分の心のなかに「わだかまり」が残ったとしても。

どんな人とも気持ちよくすごし、いい人間関係を築いていきたいというのは、人が日常生活を営むうえで大切なことです。

ところが、度がすぎると自分を苦しめてしまうようになります。

## 越えられない「相性」の壁

また、「嫌われたくない」という思いは、「敵はいないほうがいい」という自己防衛の本能であり、「自分を守りたい」という気持ちと関係しています。

そのため、自己防衛本能の強い人は、「誰からも嫌われないほうがいい」とよりいっそう思ってしまう。
その結果、「嫌われる」ことを極度におそれてしまうのです。

はたして、人は誰からも嫌われないでいることはできるのでしょうか？
答えは、「ノー」です。
程度の差こそあれ「好き」「嫌い」という感情を持つことはやむをえないのです。
人と人との関係には、「相性」があり、全員に好かれるのは不可能。
そうであるならば、「誰からも嫌われ

ないでいようとする」努力はあまり意味のないことだと思いませんか？

最初から「すべての人に好かれること」をあきらめたほうがいいというわけです。

人間関係に悩み始めると、そのことを忘れしまいがちです。

相手とうまくいかないと、「自分に原因があるにちがいない」と自分を責めてしまう人も。

**「人と人との関係には、相性があって当然。それぞれに個性があるのだから！」**

そう思うことで、心のモヤモヤが少し晴れてきませんか。

5

# 言いたいことを言う＝攻撃ではない

## 傷つけないように本心をのみこむ

誠実な人であれば、相手を傷つけることはしたくないと思うものです。それは、人の持つ優しさであり愛情です。

どんなときでもあなたが相手に合わせていれば、相手は思いどおりに行動できるわけですから、相手を不機嫌にさせることはありません。相手の言うとおりに行動しているかぎり、相手の思うままに物事は進んでいきますから、相手は満足するでしょう。

さて、あなたの気持ちはどうでしょうか？

満足しますか？

納得いきますか？

先の遅刻の例を見てみると、「いつも遅刻すること」は「好ましくないこと」です。相手も好き好んで遅刻をしたわけではないでしょう。約束の時間にあなたと会えるようにと思っていたはずです。

ところが、「1本電車を乗り遅れてしまった」「家を出るときに緊急の電話が鳴った」「昨晩の夜更かしで寝坊してしまった」など、何らかの事情により、あなたとの約束の時間には相手は現れませんでした。

そのとき、心優しいあなたはこう思うかもしれません。

**「遅刻を理由に相手を責めるのは申し訳ない」**

**「遅刻ぐらいで相手に文句を言うのは心がせまい」**

「傷つけないようにしてあげよう」という相手を思いやる気持ちが勝った場合、何事もなかったかのように相手を受け入れてしまう。

はたして、「相手が傷つかないようにしてあげよう」という思いは、相手にとって本当にいいことなのでしょうか？

むしろ、毎回大幅に遅刻してばかりいると、信頼を失っていくことをやんわりと伝えてあげたほうがいいかもしれません。

## 素直に伝えて感謝されることも

また、次回待ち合わせをするときは、駅の改札口ではなく、ゆっくり待つことのできるカフェで待ち合わせをしたほうがいいのであれば、待ち合わせ場所について提案するのもいいでしょう。

**人生の岐路に立つような重要な場面では、遅刻は御法度であることを伝えてあげたら、相手のこれからの人生が変わってくるかもしれません。**

素直に伝えることで、相手のためになることがあります。

相手のことを思うのであれば、言わないでおくほうがいいのか、素直に伝えてあげることがいいのか。

素直に言うことで、優しさが伝わることもあるのです。

心からの言葉が、周りの人たちの人生をプラスに導いていくこともあることを知りましょう。

# 6

# 伝え方ひとつで「ノー」がむしろ信頼を生む

## 「こっちの身になってほしい！」はただの感情論

人は、反論されることを快く思わないものです。

人それぞれにいろいろな考えがあると頭ではわかっていたとしても、「それは違うよ」と言われた場合、それを反論と思ってしまう人は少なくありません。

あるテーマに対して、「イエス」があれば、「ノー」があるのは当然のこと。それなのに、どうしても、自分と同じ意見を持つ人に同調したくなるものです。一方、意見の異なる人は、「けむたい存在」として映るでしょう。

いつも遅刻する相手にこんな言葉を投げかけたらどうなるでしょうか。

「毎回遅刻ばかりして、待っているこっちの身にもなってよ！」

「ごめんね」と素直に謝る人もいれば、なかにはこちらの強気な態度にムッとし、「電車が遅れたのよ、仕方ないでしょ」と開き直る人もいるかもしれません。

相手がどんな態度に出るのか。これぱかりは相手次第なので予測できません。まさか、相手から反論されるとは思わず、驚きのあまりあとずさりをしてしまうこともあるでしょう。

「あぁ、言わなければよかった」。そんなふうに思うことも。

そうすると、「居心地の悪さ」を感じ、「相手から反論されないために言わないでおく」と心に決める人もいるかもしれません。

## 「今度からはこうしない？」と未来への提案をする

相手から反論を受けた場合、我慢し黙っておく。この選択は、相手にとって本当にいいことなのでしょうか？

**いつも反論されないように、相手の言いなりになっていたら、ただの「都合のいい人」。相手にとって、「便利な人」にすぎません。**

誰も「都合のいい人」や「便利な人」になりたいとは思わないですよね。おたがい大切にしながら、いい人間関係を育んでいきたいと思っているはず。それなら、時には相手からの反論に対して、あなたの意見を言うことが必要になってきます。

「電車が遅れたのね。それなら、今度から待っている間に本を読んでいたいからカフェで待ち合わせをしない？」

こんなふうに言ってみるのはいかがでしょうか。

自分ばかりが我慢するのではなく、思ったことをハッキリ言ってみる。それは自分のためだけではなく、今後の相手との関係をよくするためでもあるのです。

7

# 「いい人」でない人のほうが好かれる？

## 周りから望まれる「仮面」をかぶっている

「つい相手に合わせてしまう」
「ハッキリと言いたいことが言えない」
「ノーと言うのがこわい」

そう思っている人の心の奥底に眠っているのは、あるひとつの願望です。
どんな願望だと思いますか？
それは、**「いつもいい人でいたい」**という願望です。

人は、知らないうちに複数の「仮面」をかぶって日常生活を営んでいます。

「いい人」を演じるための「仮面」をつけていませんか？

「いい部下（上司）でいなければならない」「完璧な部下（上司）でいなければならない」などと思いこんでいませんか？


「いい部下（上司）」って、どんな人のことでしょうか？

「完璧な部下（上司）」って、どんな人なのでしょうか？

人によってその解釈や定義は違います。

「完璧な部下（上司）」という仮面をもっているのであれば、こんな仮面に変えてみませんか？

**「無理のない程度にできることをする部下（上司）」**

肩の荷がおりて少し気分がラクになってくるのではないでしょうか。

「部下（上司）」という役割から逃げ出すことはできません。そうであるならば、同じ

「部下（上司）」という「仮面」であっても、自分に適した「仮面」につけ変えることができます。

夫、妻、子ども、親、上司、部下……さまざまな立場でどんな「仮面」をつけているのか、自分自身を振り返ってみましょう。

そして、心に負担のかかる「仮面」を持っていることに気づいたのならば、心地のよい「仮面」につけ変えてみるといいでしょう。

「いい人」を演じ続け、周りの人の要望に答えること、尽くすことが使命と思いこんでがんばり続けていると、いつの日

か心も身体も疲弊してしまいます。

## 「燃え尽き症候群」で退社した人たち

私はこれまで「燃え尽き症候群」になった人や、その一歩手前の人たちと多く会ってきました。私自身、気づかないうちに「いい人」になろうとしてしまい、過剰な負担を背負い、倒れる寸前になったこともありました。

こんなにもがんばっているにもかかわらず、「いい人」は、「どうでもいい人」として周囲に思われてしまうおそれがあります。

そのことに気づいてもらいたいと切に願うのは、私が秘書として働いていたとき、そういう人たちをたくさん見てきたからです。

当時の私は、トップマネジメントを補佐する秘書として働いていました。人事関係のことはもちろん、組織に関するあらゆる情報を知り得る立場にいました。

**不合理なことが起きて泣き寝入りをするのは、いつも「いい人」ばかり。**

泣き寝入りをする人たちのほとんどが、何も言わずに無言で去っていったのです。

## 「言えなかった後悔」より「言ったあとの後悔」

「自己犠牲」という言葉を聞いて、どんな気持ちになりますか？

もしも胸が痛くなったり、嫌な気持ちがしたりしたならば、そろそろ働き方、そして生き方そのものを見直す時期なのかもしれません。

自分が犠牲になっていると感じたとき、はっきりと「ノー」と言うことが大切です。それがあなたの「心の声」なのですから。

他人から与えられた「苦しみ」をやすやすと受け入れてはいけないのです。

「言ってみてダメだった」というように、「伝えた」結果、望ましい成果を得られなかったというのであれば心残りはないでしょう。

ところが、「どうせ言ってもダメだろう」と推測し、何も伝えずに去ってしまったらどうでしょうか。やるせない気持ちが残りませんか？

「言わなかった後悔」より「言ったあとの後悔」のほうがすがすがしい。

**誰にでも「あのとき、ああ言っておけばよかった」と後悔した経験があるものです。後悔するのは「言わなかった」という事実によるものが多いようです。**

「後悔」の念は、「無念」を生み出し、「無念」の気持ちが心に溜まっていくと、「無力感」にさいなまれるようになってしまいます。

そうならないためにも、「きちんと伝える」という選択をし、前向きな気持ちで希望へとつないでいきましょう。

# 8

# 本音で生きられる新しい世界

## 言いたいことを言えるだけで人生が180度変わる

「はじめに」で触れましたが、あなたは今、新しい世界への極上体験チケットを手に入れました。

そのチケットがさらにランクアップして「ゴールドチケット」へと変わるのか、活かすも活かさないのもあなた次第。

「新しい世界」とは、どんな世界なのでしょうか？

新しい世界では、こんなことが可能になります。

・相手の反応が気にならなくなる
・悩み続けることがなくなる
・行動にうつすのが早くなる
・やるべきことに集中できるようになる
・ありのままの自分を受け入れられるようになる

さらに、こんなことも待っています。

・人と本音で話せるようになる
・応援してくれる仲間ができる
・家族との関係性が良くなる
・才能が開花する
・人生が充実してくる

「言いにくい」ことが「言える」ようになるだけで、人生までも変わっていくのです。そうだとしたら、上手に「キッパリと言いたい」と思いませんか？

今どんなに自信がなくても大丈夫。まずは、本書を読みすすめていってください。さぁ、新しい世界のドアをノックしましょう。

そのために、まず準備が必要です。その準備とは、次の6つの「思考を手放す」こと。どんな思考を手放せばいいのでしょうか？

## 今日から手放したい6つの思考

新しい世界が、「宇宙」だとしましょう。宇宙へ飛び立つためには、いろいろな事前準備が必要ですよね。宇宙へは「持っていくことができないもの」が、実にたくさんあります。

あなたは今、宇宙へと旅立とうとしています。旅立ちに向けて、何を手放せばいいのでしょうか？

それは、次のような心のあり方です。

**①「どうせ私なんて……」という自己否定感**
**②「みんなから好かれないといけない」という八方美人な態度**
**③「争いたくない」という平和主義**
**④「いい人でいたい」という自己犠牲**
**⑤「好き嫌い」にとらわれる視野の狭さ**
**⑥「みんないい人」と思いたい性善説**

どれも重苦しく、窮屈な感じがするものばかりではありませんか？

これらの心のあり方のなかで、とくに気になるのはどれでしょうか？

もしかしたら、それがあなたが手放せないでいる「心のクセ」かもしれません。

「手放したい」と思っているけれども、手放し方がわからないという人や、「手放す」ことを決意したら、友人を失ったり、人生がガラッと変わりそうでこわいと思う人もいるでしょう。


心にのしかかる重いものは新しい世界へは持ち運ぶことができません。この他に

いい人でいたい
争いたくない
どうせ私なんて
あの人嫌い…
みんなに好かれなきゃ…
みんないい人

も、心に重くのしかかるものがあれば一緒に手放していきましょう。

そのためにまず、自分の心とじっくりと対話をすること。

**手放したほうがいいのかそうでないのか、他の人に聞くまでもなく、誰よりもあなた自身が知っています。**


前述の心のあり方を「手放す」ことができたとき、スーッと心がラクになり、心の霧が晴れる喜びを感じることができるでしょう。

誰からも惑わされることない、あなた自身の輝く「人生」が待っているのです。

これまでの「幻の世界」から、あなたの「人生の舞台」へ。


さぁ、心の準備はできましたか？

第2章

# ハッキリ言ってもなぜか好かれる人の共通点

1

# 「心の距離感」を相手によって変える

## コミュニケーションの達人はここがうまい

誘われごとや頼まれごとを断ったり、「それはおかしいな」と思ったときに反論したり……。相手の意に沿わないようなことを言うのってけっこう勇気が入りますよね。

相手の申し出を断るのは悪い。逆らうと相手を否定したと思われるかもしれない。嫌われるかもしれない……。いろいろな思いがめぐります。

だからと言って、何も意見を言わずに、相手の意見を飲んでばかりいると、自分が疲弊してしまいます。

こういった言いにくいことをハッキリ言っても好かれる人がいます。この章では、そのような人の共通点を見ていくことにしましょう。

コミュニケーションが上手な人の特徴としてあげられるのは、どんな人とも「距離感が絶妙である」ということです。

**自分を守るためには適度な距離感が必須です。「自分は守られている」という安心感があってこそ、はじめてちゃんと人に発言できるようになります。**

誰もが一度は、「相手とどういう距離感で接すればいいのか」と悩んだことがあるのではないでしょうか。

「もっと仲良くなりたいのに思うように親密になれない」と悩む人もいれば、「相手との付き合いが鬱陶しい」と悩む人もいます。

相手とどういう関係性を望むかは人それぞれです。

人付き合いを楽しめる人もいれば、人付き合いは苦手という人もいます。親密な関係を望む人もいれば、必要以上の関係を望まない人もいます。また、人とすぐに打ち解けることができる人もいれば、人見知りをする人もいます。実にいろいろなタイプの人がいます。

まず、**相手が変われば、あなたに対して望む「親密さ」の度合いも変わってくる**ということを知っておきましょう。

「人付き合いの距離感」について、自分に望みがあるように、相手にも望みがあります。その「距離感」が一致していれば、いい関係性を容易に築くことができますが、実際は、なかなか自分の思いどおりにはいかないものです。

たとえば、あなたが「なるべく踏みこんで話をしたい」と思っていたとしても、相手は、「あまり踏みこまない程度に話をしたい」と思っているかもしれません。

そういう場合、相手はあなたのことを「ぐいぐいと入りこんでくる人」と心よく思わないでしょう。また、「土足で入りこんでくる人」とレッテルをはられてしまうこともあるかもしれません。相手に「おせっかい」と思われている可能性があります。

## 「それ以上は立ち入らない」ラインを意識する

あなたが相手に期待する「距離感」と、相手があなたに期待する「距離感」は違うことがある。まず、そのことをおさえておきましょう。

そうすれば、「あんなに時間をかけて言ってあげたのに」とか「あんなに時間を使って話してあげたのに」という気持ちが、相手のためになっていないのであれば、「その時間を他のことに使おう」と機転をきかすことができるようになります。

もし「相手のために何かしてあげたい」と思うのであれば、それはとても素晴らしいことです。

でも、相手が「そんなにしてもらわなくても」と思っているということもあるという事実も知っておいたほうが、あとに心に傷をおわなくてすみます。

のらりくらりの人生がいい。

年を重ねた人たちは、そう言います。私はこのフレーズを、人と人との間を「のらりくらり」と行き交うぐらいがちょうどいいと解釈しています。

人とぶつかってばかりの人生よりも、また、人を避けてばかりの人生よりも、その中間ぐらいで生きていくのがちょうどいいのではないでしょうか。

それでは、あなたが周囲の人たちと「いい関係」を築くためにはどうすればいいのでしょうか？

それは、**相手と話したときの感触から、ちょうどいい心の距離感を設定する**ということです。

## 苦手な人とは「50％の近さ」で

相手の反応を見れば、どこまで踏みこんで話していいのかがわかるようになります。距離感がつかめない人は、まず相手の反応を見ずにいきなり自分が望む距離感で接してしまっていることが多いので、様子を見ながら距離をはかるようにしましょ

う。

そして、相手によって、50%、70%、90%、120%というように、自分と相手との「心の距離感」を自ら設定することで、「自分の望む親密さ」で心地よく相手と接することができるようになります。

ここで言う「距離感」とは、「物理的な距離」ではなく、「心の距離感」を指しています。「相手」の心と「自分」の心との間の距離のことです。

ですから、近くに相性の合わない上司が座っていても大丈夫。上司との「物理的距離」が近かったとしても、あなたの

「心の距離」を50％程度と設定してしまえば、仕事をするのが今よりもずっとラクになっていくでしょう。

私は今まで10名のエグゼクティブを補佐してきました。秘書という職業柄、上司の側で働くわけですから、いつも物理的距離は近い状況です。

そんななか、上司との相性もあり、私は上司となる人に対して一人ひとり「心の距離感」を巧みに変えていました。

**適切な「心の距離感」を保つことで、うまく相手と向き合うことができるようになります。その結果、相性があまり良くなくても、仕事はスイスイと進んでいきました。**

相手との「物理的な距離」を変えることはできません。

ですが、「心の距離感」を変えることはできます。そうすることで、ストレスが軽減し、納得のいく関係性をつくっていくことができるのです。

# 2

# 「あの人はこういう人だから」と思われたら勝ち

## 職場で「仲良しごっこ」をしていませんか？

「仲良しごっこ」をしていませんか？

「仲良しごっこ」は、子供がするものと思っているかもしれませんね。

ところが、実は、大人の世界でも多く見られ、いたるところで行われています。

もちろん会社でもそう。

「仲良くしたい」という気持ちは大切なことです。仲良くすることで円滑にすすむ場面も多いでしょう。

ですが、仲良くしたいという気持ちにばかりとらわれてしまうと、肝心の仕事がうまく進まなくなってしまうことがあります。

**・周りに好かれているかどうかばかり気にしてしまう**
**・問題が起きても注意できない**
**・仲が悪くなると仕事が滞る**
**・改善すべきことがあっても言えない**

これでは、人が成長することはありません。

おたがいに成長を止めていると言ってもいいでしょう。いいチームになるどころか、チームが衰退していくのが目に見えています。

「仲良しごっこ」をしたい人たちは、その状態が心地いいため、なかなか抜け出せなくなります。いつも同じ人たちとぬくぬくと安全に変化なく暮らしていけるのがラクだからです。それは、人の「成長の芽」をつんでいることになります。

成長の可能性に蓋をしているとしたら、残念なことだと思いませんか？

ここで、あなたの「仲良しごっこ」度を見てみましょう。
次のなかで当てはまるものはないでしょうか。

**・必要以上に相手をほめてしまう**
**・周りに合わせて心にも思っていないことを言うクセがある**
**・嘘も方便だと思っている**
**・お世辞を言ったほうがいいと思っている**
**・相手の一挙手一投足が気になってしょうがない**

実は、以前の私は、この5つすべてに○がついていました。そして、どんなときも「いい人」でいなければならないと思いこんでいました。

八方美人にしていることで、人間関係や物事がうまくいく。
あなたも、そう思っていませんか？
実は、そうではないのです。

## 必要以上に笑わない、合わせない

これは、日本に赴任してきて間もない上司（外国人）と私の会話です。

「日本人の女性に特有のような気がするのだが、誰もが微笑み、同じような身なりをしている。ミッキー、それについてどう思う？」

「そうお感じになられるのですね。なるべく周りの人たちと同じでいたいという文化的風潮がありますから、その影響かもしれません」

「そうなのか。だからNo Face（ノーフェイス）なのかもしれない」

「え、のっぺらぼうということですか？」

「な、なんだ？　のっぺら……？」

「申し訳ありません。日本語でのっぺらぼうという言葉がありまして、『顔に目と鼻と口のないおばけ』という意味があるんです」

「それに近いかもしれない。誤解のないように言っておきたいのだが、ボクが言いた

いのは、こういうことだ。**一人ひとり素晴らしい個性があるはずなのに、なぜその個性を自ら消してしまうようなことをするのか。**個性こそが魅力だ。そう思わないか？」

「はい。それでは、のっぺら……いえ、**No Face**（ノーフェイス）にならないために、まず何から始めればいいのでしょうか？」

「そうだな、嬉しいときにだけ笑う、そうでないときは笑わない。そこからだ。いつも上司であるボクにニコニコしている必要はない」

もしも「いつも笑顔で」を心がけている人であれば、この会話を聞いて、嫌な気持ちになったかもしれません。

ですが、その「笑顔」は偽物ですか、それとも本物ですか？

## 八方美人をやめると心の友ができる

もしも無理して「八方美人」を演じているのであれば、そろそろ卒業したほうがいいかもしれません。

それよりも、人数は少なくても本音で話せる人や心が通じ合う人がいたほうがいいと思いませんか？


八方美人をやめると、本音で話せる人が増えていきます。

なぜなら、八方美人をやめることで、「あなたらしさ」が現れてくるからです。あなたらしさに惹かれて、周りの人たちが近づいてくるのです。

そのときもうすでにあなたは、周囲から「気になる存在」になっています。

さらに、**あなたらしさがあふれ出るようになると、そんなあなたを快く受け入れて**

**くれる人たちと出会う頻度が高まっていく**のです。

本音をズバズバ言いながらも愛される人がいます。多少不備があっても見逃してもらえます。そういう人は、周りの人たちから「あの人はこういう人だから」と人となりをわかってもらっているのです。

**完璧な人柄ではなく、その人の「アイデンティティー」が、周囲にも伝わっているぐらいでちょうどいい**のです。

「あなたはこういう人」というのが周囲に伝わることで、相手も「あなた」に接しやすくなります。完璧で隙がない人や何を考えているのかわからない人には近寄りがたいものです。

あなたの「アイデンティティー」は、どのぐらい周囲に伝わっていますか？

「八方美人」をやめることで、「自由な自分」を手に入れることができるのです。

あなたはどちらを手に入れたいですか？

# 3

# 安易に「すみません」と言わない

## 謝ることが礼儀ではない

こんなエピソードがあります。

私が、某外資系企業で働いていたときのことです。

毎月第1週目の月曜日に、マネジメント会議が開催されました。参加者は、役員、8名の部長、そして秘書の私でした。

ある日、A部長がドアを開け、会議室に入ってきました。

部長「ソーリー、ソーリー（Sorry, sorry）」

役員「？」

部長「アイムソーリーソーリー（I am sorry, sorry）」

役員「なぜ会議室に入ってくるなり、自分の非を認めているのだ？　何かあったのか？」

部長「いえ、会議の開始時間に少し遅れてしまいましたので」

役員「そんなに簡単に、何度もソーリー（sorry）と言うものではない」

部長「はい」

役員「ソーリー（sorry）というのは、自分に非があるときに使う表現。だから、そんなに気安く、繰り返し使ってはいけないんだ」

A部長は、腑に落ちないまま席に座り、会議が始まりました。

さて、役員はA部長に何を伝えたかったのでしょうか？

A部長は、「会議に遅れてすみません」と、気心知れたマネジメントチームのメンバーに、軽い気持ちで言ったにすぎなかったのでしょう。

それなのに、役員から問いただされ、何が起きているのかわからないという様子。

## 自分を落としてしまうだけ

外国人の役員は、日本人の部長が、まだ議論も始まっていないのに「すみません、すみません」と何度も謝っている様子を見て、奇異に感じたのです。

そして、会議が終わると、役員はA部長のところへ行き、次のように言いました。

「英語の表現でソーリー（sorry）は、自分の非を認めたことになる。簡単に自己否定をしてはいけない。あなたの価値は自分が一番知っておくべきだ。ソーリーの使い方に気をつけなさい。少なくともアメリカでは、そのように受け取られる可能性が高いから」

「ソーリー（sorry）」というたったひとことに、こんなに深い意味があるのです。

「自分をもっと大切にしなさい」と、役員は言いたかったのです。

さらに、自己肯定感をもって仕事に取り組んでもらいたいという気持ちの現れでもありました。

**「どうせ私なんて」と心の奥底で感じながら仕事をしている人と「私ならできる」と思いながら仕事をしている人では、成果が変わってくるのは言うまでもありません。**

人は何かうまくいかないことがあると、「どうしてこんなこともできないのだろう」と自己否定をしがちです。

自己否定や自己卑下からは、何も生まれません。

もしかしたら、誰よりもあなた自身が自分のことをダメな人間だと思っていませんか？

まず誰よりも「自分」が「自分」のことを大切にしてあげる。

その気持ちが、自己肯定感へとつながっていきます。

あなたが「本来の自分」とのつながりを深めることで、あなた自身への信頼が深まっていくのです。

4

# お願い上手の万能フレーズとは？

## 頼めない人の心のブロック

人は、ひとりで生きているわけではありません。必ず誰かにお願いしたり、誰かからお願いされたりしながら生きています。

あなたの周りに「お願い上手な人」はいませんか？

うまく言って事なきを得ている人、うまく立ち回って難なくすごしている人。

きっと、ひとりは周りにいることでしょう。

もしかしてあなたは、そんな「お願い上手な人」のことを少しうらやましく思っていませんか？

人にお願いするのが苦手な人は、次のような思いこみを持っています。

**・「自分がやったほうが完璧にできる」と思っている**
**・「私がやらなければ」と責任感を背負いすぎている**
**・「頼むなんてとんでもない」と頼むことが悪いことだと思っている**
**・「お願いしたら迷惑にちがいない」という思いグセを持っている**
**・「頼むことは申し訳ない」と遠慮しすぎている**

あなたにもどこか当てはまる部分はありますか？

職場を見渡してみましょう。どんなに仕事量が多くても文句言わずにひとりで黙々と仕事をし、毎晩残業をしている人はいませんか。

私も何度もそういう人を見て「そんなにがんばらずに他の人に頼んでもいいのに」と思ったことがあります。燃え尽き症候群にならないか、心の病になってしまわないか、心配になってしまうほどでした。

仕事は、「頼み」「頼まれる」関係があるからこそ成り立っています。

「お願いする」ことや「頼む」ことは、決して悪いことではありません。ですから、人に頼むことで恥ずかしい気持ちや情けない気持ちになる必要はないのです。

「チーム力」や「チームビルディング」という言葉が流行るように、**チームのメンバー全員が力を合わせるほうが成果が高まる**ということを知りましょう。

## 周りの人たちはお願いされるのを待っている！

あなたは「誰かにお願いしたい」と思っているのに、「お願いします」のひとことがなかなか言えないことはないでしょうか。

以前の私も、「人にお願いすること」をネガティブにとらえるタイプでした。まさに「頼み下手」であり「お願い下手」の典型的なタイプ。そんな私に変化が訪れたのは、仕事量が大幅に増えたときでした。

「もうダメ！　みんなに助けてもらわないと間に合わない」

そんな「仕事が回らない」状況に陥りました。

ところが、そんな「頼み下手」の私でしたから、「周りの人にお願いをしよう」と思っても、どう声をかけていいのかわかりません。

そこで私がまず思ったのは、お願いをするのであれば「気持ちのいいお願いをしよう」ということでした。

相手が心地良く私のお願いを受け入れてくれるために、どうすればいいのか考えました。そして、**「〇〇さんにお願いできたらとても嬉しいです」というように、相手に尊敬の念を持って、「気持ちのいい言葉」をかける**ことから始めたのです。

すると、周りの人たちからこんなことを言われました。

「早く言ってよ～。そんなの私、簡単にできちゃうから」

「なんで言ってくれなかったの、これ、どう考えても能町さんひとりでできないでしょ」

「待ってたよ。やっと声をかけてくれたね。どの部分を手伝えばいい？」

「あぁ、もっと早くお願いすればよかった」と涙があふれそうなほどの喜びに包まれたのです。

## 「折り入ってご相談が」

それでは、どうしたら上手にお願いすることができるのでしょうか。

上手なお願いの仕方のポイントは、次の３つです。

**①　気持ちのいい言葉を選ぶ**

**②　お願いする内容を簡潔に伝える**

**③　「ありがとう」の気持ちを伝える**

その他に、相手にお願いするときにちょっとした気遣いが大切です。

最初のひとことも、気持ちのいい言葉を選びましょう。私がよく使っていたフレーズは、次のとおりです。

上手なお願いの仕方
3つのポイント
① 気持ちのいい言葉を選ぶ
② お願いする内容を簡潔に伝える
③「ありがとう」の気持ちを伝える
おねがいします

「折り入って、ご相談があるのですが」

これは、私より年齢の高い人もふくめたどんな人にも使える万能フレーズです。

また、**お願いするタイミングは、自分の都合のいいタイミングでお願いするのではなく、相手の都合のいいタイミングでお願いする。**

そして、**お願いする内容は、相手の苦手なことや不得意なことをお願いするのではなく、なるべく相手の好きなことや得意なことをお願いする。**こういった気遣いを添えると、なおさらいいでしょう。

そして何よりも大切なことは、「ありがとう」という感謝の気持ちを伝え忘れないことです。

5

# 人間関係の達人は謝り方が絶妙

## 謝れば謝るほど信頼を失う⁉

ついうっかりミスしてしまうことは誰にでもあります。

そんなとき、上手に「謝る」ことができるかどうかで、そのあとの相手との関係性が変わってきます。

たとえば、電車が遅れて遅刻をしたとしましょう。上司から「なぜ、こんな大事な会議があるときに遅れるんだ」と怒られたとしたら、どのように答えますか？

「すみませんでした。電車が遅れてしまって」

こんなとき、ついそう言ってしまいがちです。

ところが、ひと呼吸おいてこう言ったら、どうでしょうか？

**「大変申し訳ありませんでした。このようなことが二度と起こらないよう次回から気をつけます」**

きっと、上司は安心し、機嫌も少し良くなることでしょう。

謝り方が上手だと、相手の怒りや悲しみ、驚きが軽減されます。そして、「怒っている」「悲しんでいる」「驚いている」という状態から、「許す」という状態に移行しやすくなります。

上手な謝り方を知っているかどうかで、そのあとのあなたへの印象がずいぶん変わってくるのです。そうだとしたら、上手な謝り方を知っておきたいですよね。

上手に謝れないと、相手からこんなふうに思われてしまうことがあります。

「言い訳にすぎない」
「謝罪に誠実さを感じられない」
「謝ればすむと思っているのが気に入らない」

謝り方によって、相手からの信頼を失うおそれがあります。

一生懸命謝れば謝るほど、相手に誤解を与えてしまう。そんなやり切れない気持ちや不安を抱えていませんか？

**ポイントは「すぐに」「素直に」**

ここで、「上手に謝る」ための3つのポイントをお伝えします。

**① タイミングよく謝る**

**② 言葉を選び、丁寧に謝る**

**③ 隠さずに自分の気持ちを素直に伝える**

どんな人であれ、パーフェクトな人はいません。

どんなに優秀で聡明な人や、どんなに地位の高い人であったとしても、気がゆるんだときなどに「あっ、しまった」と思うことが起きるものです。

謝ることは、決して恥ずかしいことではありません。

**「周りに迷惑をかけてはいけない」と肩肘はって生きるよりも、「迷惑をかけたときは、すんなりと謝ろう」という姿勢をもって生きるほうが、気がラクだと思いませんか？**

上手に謝ることで、心を軽やかにしておくことができます。


「あのとき、すぐに謝ればよかった」

「本当は謝りたかったのに、プライドが邪魔をしてしまった」

「あの人に謝ると思ったら、正直になれなかった」


きっと、いろいろな思いがあったため、タイミングよく丁寧に、そして、自分の気持ちに素直になって謝ることができなかったのでしょう。

上手に謝ることで、失いそうになりかけた信頼関係を取り戻すことができます。

## 言葉をどう選ぶか

言葉は、ただ「伝える」ためでなく、「つながる」ためにも使われます。

ですから、相手との「つながり」が弱くなったときであっても、言葉により「つながり」をもとに戻したり、強くしたりすることができるのです。

そのためには、「どんな言葉を選ぶのか」「どんな言葉を添えるのか」が重要になってきます。


たとえば、打ち合わせの日を間違えてしまったとしましょう。

「明日の14時」が打ち合わせの日時だと思っていたのに、本当は「今日の14時」だったため、相手から14時に電話がありました。

手帳には、「明日の14時から」と書いてあるけれども、メールをよく見返してみると、「今日の14時から」打ち合わせが予定されていることが判明。

いわゆる、「うっかりミス」です。

あなただったら、どうしますか？

「すみません。明日の14時からだと思っていました。まだその時間帯はあいていますか？」

「申し訳ございません。お打ち合せですが、明日の14時からだと勘違いしていました。恐縮ですが、○○さんの、ご都合の良い時間を教えていただけますか？」

「大変申し訳ございません。お打ち合わせですが、明日の14時からだと勘違いしておりました。○○さまの貴重なお時間を頂戴しておきながら、このような不手際をお詫びいたします。以後このようなことが起きないよう気をつけたいと思います。もしもお許しいただけるのであれば、もう一度お時間を頂戴することはできますでしょうか？」

3つのパターンをご紹介しましたが、どのような言葉を選ぶかにより、印象がずいぶん変わってくるのがわかるのではないでしょうか。

どの謝り方も正解です。相手や場合に応じて適した謝り方を選びましょう。

3つ目だと重苦しくなることもありますし、社長相手に1つ目だと軽すぎてしまいます。

上手に謝ることで、相手の心を和ませることができます。

タイミング良く、気持ちを添えて、言葉を選び丁寧に謝る。

謝罪の仕方次第で、人間関係がさらに良くなることもあるのです。

# 6

# ほめ言葉がお世辞に聞こえる境界線

## 見せかけの言葉は伝わらない

ついつい大げさな表現でほめすぎてしまう。

上っ面に聞こえるような気がして、うまくほめることができない。

相手を認めたくなくて、うまくほめられない。

ほめるって意外と難しいですよね。

あなたが心地いいと思う人間関係を築くためには、「ほめる」ことは必要不可欠です。なぜなら、人は誰でも、潜在的に「認められたい」という願望をもっているからです。

本心のこもっていない言葉は、相手に伝わりません。

あなたも人からほめられるとき、「お世辞を言われている」と感じたことはありませんか？

そんなとき、あまりいい気持ちはしないですよね。

ここで、「上手なほめ方」の３つのポイントをご紹介しましょう。

**① 口先でほめない**
**② その人のいいところをほめる**
**③ なるべくその場でほめる**

人をほめるときは、気持ちが伝わるような言葉を選びましょう。あなたの言葉で、あなたらしく表現していいのです。

## いいことを言ったつもりが激怒され…

借りてきた言葉で語ったり、お世辞のようにうわべだけの言葉で話したりしないこと。普段の会話でも、こんなふうにさりげなく言うことができます。

**「いつも気配りが細やかですね。気持ちいいです」**
**「話をしていたら元気が出てきました」**
**「いろいろなことをご存知なのですね。ためになります」**

何も大げさにほめたたえることはありません。あなたが嬉しかったこと、幸せに感じたことを、素直に言葉にして表せばいいのです。

以前、後輩からこんな相談を受けたことがあります。
「私の上司（課長）は実績もあり、指導力もある方です。

私は「尊敬しています」ということをお伝えしたいのですが、課長がこわい人なので、ついついほめすぎてしまうんです。

相手もほめられることにまんざらでもない様子なのですが、たまにものすごく怒られるんです。

『オレの気持ちがわかるものか、いったいオレの何を知っているというんだ、わかった調子でものを言うんじゃない』って。どうすればいいのでしょうか?」

後輩の悩みは、「ほめると怒られる」というものでした。

どんなふうに上司のことをほめていたか聞いてみると、「○○さん(上司)のような方こそ、社長になってもらいたいです」というようなほめ方をしていました。

## 長所をストレートに称賛する

相手をほめようほめようという気持ちが高まりすぎて、少し「非現実的なこと」を言ってしまっていたようです。

その会社は、3万人規模の大会社。後輩の上司は課長であり、ひとりの課長が社長になれる確率はほんの数パーセントにすぎません。

上司としては、社長になれる器があると言われているのかと「嬉しい気持ちがする」反面、仕事に追われていると「そんなありえないことをお前に言われたくない」と思うのでしょう。これでは、せっかくほめたのに台無しになってしまいます。

**ポイントは、無理にほめすぎないこと。ほめる必要がないのに無理してほめようとしたり、必要以上にほめようとしたりしないことです。**

ほめることは、人間関係をよくする潤滑油ですが、うまく使わないと、逆効果になってしまうことがあるのです。

どんな人であれ、必ず「いいところ」があります。まずは、相手の「いいところ」を探してみましょう。そして、その部分をほめてみるのです。

そんなに難しいことではないですよね。

「いいところ」であれば遠慮せず、どんどんほめてみましょう。

# 7

# 怒るときほど冷静に

**嫌われたくないから叱れない…**

最近、「叱り方がわからない」と悩んでいる人が多くいます。

「厳しいことを言ったら嫌われるからやめておこう」
「細かいことを言ったら愛想を尽かされるからやめておこう」
「何度も同じことを言ったら嫌がられるからやめておこう」

そんなふうに思って叱ることを躊躇していませんか？

日常生活を平穏にすごすためには、怒ったり叱ったりする場面がなるべく少ないほうがいいでしょう。

ところが、時には叱らないといけない立場にいる人もいます。たとえば、部下を育成するリーダーや、後輩の教育をする先輩、子どもを持つ親などです。


必要なときに、効果的な方法で「叱る」ことは、重要です。

そう頭ではわかっていても、なかなかうまく叱ることができない……。あなたもそんな悩みを持っていませんか?

なぜ叱るのが難しいのかというと、人は「嫌われたくない」という感情を優先してしまうからです。


「これぐらいは、目をつぶってあげよう」

「この程度であれば、まだ叱らなくてもいいかもしれない」

「このぐらいであれば、大目に見てあげよう」

このようにして、「嫌われたくない」という気持ちが、叱るという行為を止めてしまうのです。

相手から「嫌われたくない」と思うのは自然な感情ですが、叱らないといけない立場にある人は、上手に叱る方法を身につけておかなければなりません。

## 絶対に避けたい「気まぐれ」「感情的」「不公平」

それでは、どうしたら上手に叱ることができるのでしょうか。

上手な叱り方のポイントは、次の4つです。

**① 声を荒げない**

**② 怒っている理由を伝える**

**③ 昔のことや同じことを何度も言わない**

**④ 必要なときだけ叱る**

怒るときや叱るときは、頭に血がのぼりイライラしているものです。怒りを抑えきれずに、ただ怒りの感情をあらわにしても、相手に伝わりません。むしろ、相手との溝が深まるばかりです。

**感情が高ぶったときほど、素の部分が顔を出します。**

そして、そんな素のあなたを周りの人はよく見ているのです。

「ささいなことでカッとしてしまう」「ちょっとしたことでイライラしてしまう」という人はとくに、この4つのポイントを常に頭の片隅に入れておいてください。

そうすることで、相手が聞く耳を持ってくれるようになります。

「いつも叱っているのに、全然わかってくれない」と思っているのであれば、叱り方を少し変えてみるといいでしょう。

もしかしたらその人は、あなたのことを「ただの感情の起伏の激しい人」とか「機嫌の悪い人」だとしか思っていないかもしれません。

ここで、「叱られる立場」の人のことを少し考えてみましょう。いつも一緒にすご

上手な叱り方4つのコツ
①声を荒げない
②怒っている理由を伝える
③昔のことや同じことを何度も言わない
④必要な時だけ叱る

すパートナーから、あなたが叱られたとします。

パートナーが「気まぐれに叱る」人であったり、「感情的に叱る」人であったり、また、「公平に叱らない」人であったりした場合、どうでしょうか？

「機嫌が悪いのを私にぶつけないでよ」と思ってしまいませんか？

「気まぐれ」で「感情的」、また「不公平」な叱り方をされると、「そんな怒り方ないじゃない」とすぐに反発したくなるものです。これは、子どもでも大人でも同じことでしょう。

相手からすぐに反発されないためにも、「(ある程度) 筋道を立てて」そして「公平に」叱るという方法を身につけておかなければなりません。

## 愛を持った怒り方

他人とコミュニケーションをとるときは「怒り」を表に出さない。

これは、私が10年間の秘書人生で気づいた、人間関係をうまくつくる人たちの共通点です。

「怒り」を表に出さないというのは、「怒り」を相手にぶつけないという意味です。決して「怒らない」とか「叱らない」ということではありません。

部下のミスや不祥事などが起きれば、上司であれば必ず「叱る」という行為が発生するのはやむをえません。そのような場合、まず、なぜ怒っているのか冷静になって考えてみることが大切です。

叱り方が上手な当時の上司（Aさん）にこんな質問をしたことがあります。

「Aさん、この前の件、本当に大変でしたね」

「あぁ、本当に大変だったよ。でも、これで部下のみんなも十分反省したようだから、安心して仕事に取り組めるようになるだろう。ホッとしているよ」

「よかったですね。そういえば、私も以前Aさんから怒られましたが、こう言ってはなんですが不思議なことに嫌な気持ちがしませんでした。叱り方のポイントはあるのでしょうか？」

「それは、**今ボクが叱ることで相手にどんな未来が待っているのかを考える**ことだ」

「叱っている最中に、相手の未来を考えているのですか？」

「ハハハ。それは高度な技だね（笑）。叱っている最中ではなく、叱る……というか伝える前に相手の未来を考えているんだ」

「どういう意味でしょうか？」

「**今伝えることで、相手にとってメリットがあるかどうか**という視点で叱るかどうかを決めているんだ。きちんと伝えることで、相手が成長できるのであればどんどん言ってあげたほうがいい。そう思わないか？」

「はい、そう思います。叱ることは愛情の裏返しなんですね」

もしかしたら、最近あなたも誰かから怒られたことがあるかもしれません。

あなたを叱った相手が、あなたを思っているからこそ怒ったのだとしたら……。

あなたの成長を願っているからこそ叱ったのだとしたら……。

こんなに嬉しいことはありませんよね。

叱られることで成長できるありがたさ。少し視点を変えるだけで、相手の思いやりや深い愛を感じることができるでしょう。

# 第3章

# この言い方で、角を立てずに自分を通せる

# 1

# 「言うべきときは言う」で人生が好転する

## フランスの空港で起きたトラブル

みなさんは「あれ？」と思ったのに、そのひとことが言えない、ということはないでしょうか。反論されるのが嫌で、**「もしかしたら自分が間違ってるかもしれない。でも、まぁいいか」**と思って、自分が我慢してでも何も言わない、といった経験がある方も多いかもしれません。

あるエピソードをご紹介しましょう。

フランスのシャルル・ド・ゴール国際空港での話です。

数日前にパリで挙式を挙げた20代後半の日本人夫婦が、某エアラインのカウンターにチェックインのため並んでいました。彼らの番になり、カウンターへと向かうと、次のように係の人から言われました。

「満席ですので、あなたたちのチケットはありません。航空券の変更の手続きは、あちらのカウンターでお願いできますか」

語学があまり堪能でなかった日本人夫婦は、腑に落ちない顔をしながら、右手奥のカウンターへと向かいました。

## 勇気を出したひとことですべてが前進

そして、次は私の番です。

日本人夫婦の会話を聞いていた私は、同じことを言われましたが、次のように言いました。

「それはおかしいですね。Confirmation Sheet（予約表）を持っているのですが」

すると、次のようなやりとりが続きました。

「それはそうですが、席がないものはないのです」

「それでは、この『予約表』は何を意味するのでしょうか？」

「それは……。申し訳ありませんが、あいにくこちらのフライトは満席です。あちらのカウンターに行って、次のフライトに変更してください」

「それはできません。帰国する日に、すでに予定がありますので」

するとしぶしぶとコンピューターを操作し始めたグランドスタッフは、5分後に次のように言いました。

「お席の準備ができました」

なんと私の席が用意されたのです。

私は、「ありがとうございます」とだけ伝え、その場を去りました。

そのあと、バッタリ遭遇した日本人夫婦に「席があるかもしれませんから、もう一度トライしてみるといいですよ」と告げ、出国審査のゲートへと入っていきました。

「言うか」それとも「言わないか」で、こんなに結果が異なることがあるのです。

予定していたフライトに搭乗できなければ、帰国後の予定にも影響を及ぼします。

1日を大切にして生きていきたい、そう願うのであれば、「言うべきときは言う」と覚悟を決めなければなりません。

1日を大事にできる人は、人生を大事にできる人です。

「あれ？」と思ったら、相手の言葉を鵜呑みにせずに、ひとこと言う勇気。それがあなたの人生を前進させていくのです。

2

# 最上の断り文句「お役に立てない気がします」

## 振り回してくる相手にまで気を遣っていませんか？

人に気を遣いすぎて「人疲れ」をしていませんか？

人一倍繊細なあまり、本来であれば必要でない他の人の感情や気持ちまで自分のことのように受け入れてしまう。

感受性の豊かな人は、それを自然に行っています。

「自分」と「他人」との境界線が曖昧であったり、境界線がなかったりすると、他人から振り回されてしまうようになります。

あなたは、他人に振り回されていると感じたことはないでしょうか。

**他人に振り回されてばかりいると、あなたの大切なエネルギーを奪われてしまいます。**また、自らのパワーを温存することができず、本来自分が力を注ぐべきことに集中できなくなってしまいます。そのうち、自分が何者であるかわからなくなってしまうことも。

無神経な人たちにまで関わろうとしていませんか？

あなたのパワーを誰か他の人に明け渡していませんか？

不思議なことに、やみくもに他人に尽くすことをやめたとき、他人から大切にされるようになります。

嫌いな人にも必要以上に親切にしすぎていないでしょうか。

みんなから愛されたいという思いが強すぎるあまり、無神経な人にまで過度に丁寧に接していないでしょうか。

冷たいと思われるかもしれませんが、嫌いな人ほどハッキリ境界線を引いたほうが、関係がうまくいくのです。

## いつの間にか時間を奪われてしまう

なぜ嫌な人と「境界線」を引いたほうがいいのでしょうか。

それは、相手と**「感情で付き合わない」**ようにするためです。相手の感情に振り回される生活から卒業するのです。

天気のいい日に、海辺のカフェで、恋人やパートナーと仲良く気持ちを分かち合う時間を想像してみてください。

好きな人といろんなことを話しながらすごす時間は、かけがえのない時間。

そこには心の交流があります。想像するだけで、ウキウキしてきますよね。

ところが、苦手な人や嫌な人だとどうでしょうか。

同じように海辺のカフェで何時間も話をしたいと思いますか。できれば要件だけさっさと済ませて、その場を離れたいと思うことでしょう。

また、「あなたの時間を奪うような人」とも境界線を引いたほうがいいでしょう。

たとえば、こんなふうに友人から言われたとします。

「ねぇ、相談があるから、今晩家に行ってもいい？」

あなただったら、どう答えますか？

友人にぜひうちに来てもらいたいと思うのであれば、家に来てもらってもいいでしょう。でも、こんな気持ちであるとしたらどうでしょうか。

「彼女の相談話が始まると何時間もかかるから」

「彼女はいつも悪口の言いっ放しで、聞いているほうがつらくなる」

「明日の朝は早いから、今日は夜遅くまで人に会っていたくない」

いろいろな思いがあるでしょう。そんなとき、あなたの時間をどう使いたいのか、よく考える必要があります。

## 立てる言い方で一線を引く

誰か他の人の感情を処理するのは、あなたの役目ではありません。

最終的に、自分の気持ちや感情とうまく向き合い、対応していくのは、「自分」しかいないのですから。


もしも友人に家に来てもらいたくないのであれば、正直に伝えましょう。

「ごめん。今日は疲れていて。明日電話でなら話せそうだけどどう？」

「ごめんね、今晩はちょっと難しいけれど、今週の木曜日か金曜日なら大丈夫かな」


また、あまり相談にのりたくないのであれば、そう伝えることも大切です。

「私では役に立たないような気がするか

ら」

「ごめんね、今忙しくて時間がとれなくて」

このように相手との境界線を引くためにいろいろな言い方があります。**あなたの時間がどれほど貴重なものなのか、考えてみましょう。そうすれば、自ずとどう言えばいいのか、その答えが見つかるでしょう。**

あなたのエネルギーは、まず大切なことから使う必要があるのです。

もしもあなたが1日何回も嫌な人の顔を思い浮かべてしまうようであれば、エネルギー漏れを起こしていることになります。

あなたの生きるエネルギーをきちんと充電しましょう。

3

# 「そういえば最近面白いことが」で嫌な話題を回避

## いきなりプライベートに踏みこんでくる知人

先日、20年ぶりに同窓会に参加した友人（以下Aさん）から、こんな相談を受けました。


「ねぇ、ちょっと聞いてくれる？」

「何かあったの？」

「久しぶりにね、同窓会があったの。20年ぶりだったからとても楽しみにしていったんだけど、会場に入るなりBさんになんて言われたと思う？」

「う～ん、何かしら？」

「ビックリするわよ。いきなりね、ご両親はご存命？って聞かれたの。どう思う？」

「それは、失礼ね。20年ぶりに会って最初のひとことがそうだなんて」

「でしょ？　もう驚きのあまり、すぐに答えられなかったわ。でもね……答えちゃったの。そのあと後悔してしまって」

「後悔？」

「そう、久しぶりに会ったBさんに、父はすでに他界していて、母は元気にしているって、なんでそんなプライベートのことまで言ってしまったのかってあとで後悔したの。うまくかわせばよかったなって思って」

「プライベートのことすぎるものね」

「そう。こんなとき、どう言ったらよかったと思う？」

「そうねぇ、私だったら、こう言うかもしれないわ。Bさんお久しぶり。**私の両親のことよりも、まず私たちのことを話しましょうよ**、とか」

「それいいわね！　私もうまくかわす術を身につけるわ」

このように、相手から突然ぶしつけな質問が飛んでくることがあります。

## 正面から対応せず、さらりとかわす

土足で入りこんでくる人とは、まさにBさんのような人のこと。

状況から考えて、あまり言いたいことでなかったり、言う必要がないことであったりする場合、真正面から対応せずに、うまくかわすことも大切です。

言いたくないことを言って後悔するのであれば、さらりとかわす言い方を身につけるといいでしょう。

**「○○の話より、もっと楽しい話をしようよ」**

と自分が話してもいい話へと話題転換をしてみてはいかがでしょうか。

**「○○の話は、もう少ししてから話すので」**

と一時的に話をそらす言い方もあります。

あなたが不快に感じること、嫌だと思うことは、言わなくてもいいのです。サラリとかわすのも、大人の会話術のひとつだと心得て使ってみましょう。

4

# おそれずにキッパリ断る

**断るって難しい…**

「断り上手」になりたいと思っている人は、多いのではないでしょうか。

「どうしたらやんわりと断ることができるのか」
「どうすればうまく断ることができるのか」
「どうしたら相手を不機嫌にさせずに断わることができるのか」

そう思っていませんか？

たとえば、友人から「来週の金曜日、一緒にコンサートに行かない？」と誘われたとしましょう。

自分にとってあまり興味のないコンサート。付き合いのために行きたくないコンサートに足を運ぶのは苦痛です。

あなただったら、どう返事をしますか？

私たち日本人は、欧米諸国の人たちと比べると、「ノー」と言うことに過剰に反応してしまいがちです。これは「相手の気持ちを慮る」「相手の気持ちを大切にする」という日本人の美徳によるものでしょう。

**何事も穏便にすませることがいいことだと考える風潮のなか、「断る」ことは「悪い」ことだという認識がある**ようです。

そのため、言葉を濁して曖昧な言い方にしてしまう傾向があります。

どうしても断れないという人がいます。

そんな人たちにくわしく聞いてみると、「断ろう」と決心しても、いざ断るときに、いつもの「いい人でいたい」願望が出てきてしまうと言います。
「いい人病」が顔を出すのです。
**「断りたい。あ〜、でもいい人でいたいから断れない」**というわけです。

## 知らぬ間にモラハラの犠牲者に⁉

さらに、こんなふうに思っている人もいます。
「いい人でい続ければ、必ず私のことを守ってくれるはず」と。
本当にそうでしょうか？

断るべきときに断れないでいると、時に、ある不穏なことが忍び寄ってくることがあります。その「不穏なこと」とは、「モラルハラスメント」（言葉や態度によって行われる精神的な暴力）です。
大声で怒鳴られたり、人間性を否定するようなことを言われたり、性的な嫌がらせを受けたり……。

言葉や態度で相手を攻撃する「モラルハラスメント」は、上司が部下に行うとパワハラやセクハラと呼ばれ、夫婦間や恋人の間でも起こるものです。

こういった不当な言動に対して、もちろん普通は反論していいはずです。

しかし、**いつも「イエス」と言い続けていると、違和感があったとしても「ノー」と言う方法を忘れてしまいます。**

**すると、相手からどんなに理不尽なことを言われ続けても受け入れてしまうようになり、ついにはそれがモラハラだとわからなくなってしまう**のです。おそろしいことですね。

最近では日本で、上司への「モラルハラスメント」研修のみならず、部下への「モラルハラスメント」研修も盛んに行われるようになりました。

上司側には、部下にモラルハラスメントをしないように注意喚起をする研修が行われています。

一方、部下側には上司や周囲からのモラルハラスメントを受け入れないためにどう行動すればいいのか、またモラルハラスメントを受けた場合どう対処すればいいのかについての研修が行われています。

「モラルハラスメント」を受け入れないための第一歩、それは「キッパリと断る」という姿勢を持つこと。

相手に**「嫌なんです」「困るんです」「やめてください」**という意思表示をきちんとすることが大切なのです。おそれることなく、伝えるべきときはハッキリと伝える勇気を持ちましょう。

## 「ノー」は建設的な会話に必要なもの

拙著『誰からも「気がきく」と言われる45の習慣』（クロスメディア・パブリッシング）のなかで、「キッパリと断る」という項目があります。

企業研修やセミナーなどでも、この「キッパリと断る」ことの大切さをお話しすると、多くの方からこんなコメントをもらいます。

「そうは言っても、断るのは難しくて」

「頭ではわかっているのですが、相手の顔を見ると断りきれなくて」

「断ったほうがいいとわかっていても、メールでどう書いていいのかわからなくて」


あなたも、そんな悩みを持っていませんか？

繰り返しますが、「ノー」と断ることは、悪いことではありません。

「イエス」があるから「ノー」がある。会話のなかで「ノー」を言わずにすべて「イエス」だと、会話が成り立ちませんよね（笑）。

「断る」のが苦手だと思っている人は、ぜひ一度、「ノー」とまったく言わずに「イエス」だけで仲の良い友人と会話を続けてみてください。

思っていたよりも早い段階で会話が止まってしまうことに気づくでしょう。

いかに会話が成り立たないか、そして、「ノー」という表現がいかにありがたいものか身をもってわかります。

「イエス」があるから「ノー」が存在するのは当然のこと。

そうであれば、「ノー」と言うこと、「断る」ことを必要以上におそれる必要はありませんよね。

愛を持って「ノー」と言う習慣を持ちましょう。

## 余計な言い訳をせずシンプルに

私たち日本人は、「断る」ことを必要以上におそれているため、断り下手の人が多いのです。それゆえ、人間関係をますますややこしいものにしている人もいます。

先ほどのコンサートの例を見てみましょう。

あまり行きたくないコンサートのお誘いを断る場合、なるべく早目にキッパリと断りましょう。こんなふうにです。

「誘ってくれてありがとう。でも、その日は先約があるから行けなくて」

「お誘いありがとう。でも、その日は残業の予定だから行けないんだ」

仲の良い友人であれば、「ごめんね、あまりそのコンサートに興味がないの」と正直な理由を添えてもいいでしょう。

とてもシンプルな断り方だと思いませんか？

誰かに「断る」ことを考えるだけでもストレスを感じるという人は、「断る」という行為に力を入れすぎているのかもしれません。

「なんて言おう」「なんてメールで書こう」「どのタイミングで伝えるのがいいのか」「断る理由はどうしよう」なんてことばかり考えていると、相手に実際に「断る」前にドッと疲れてしまいますよね。

そんなあなたに、上手に断るための３つのポイントをお伝えします。

**① 余計な言い訳をしない**

**② なるべく早めに断る**

**③ 断る理由を述べる**

この3つのポイントをおさえれば、「断る」という行為をおそれることがなくなります。一度うまく断れるようになると、その次からはラクになってきます。

**決して、「都合がつけば行きたい」などとは言わないこと。**

もっとも避けたいことは、曖昧な返事をしたり、ハッキリしない態度をとったり、ギリギリになって返事をしたりすることです。そのほうが、結局相手を困らせてしまうことになるからです。

「ノー」と言うことは、「あなたとの相手との関係の終わり」を意味するものではありません。むしろ、上手に断ることができるようになると、それまで以上に相手との関係性が良くなっていきます。表裏のない姿勢が、さらに信頼関係を構築するきっかけとなるのです。

「断る」ときは、キッパリといきましょうね。

上手に断るための3つのコツ
①余計な言い訳をしない
②なるべく早めに断る
③断る理由を述べる
NO

5

# 理不尽な発言をやんわりと跳ね返す方法

## 上司にストレスをぶつけられて

生きていると、理不尽な目にあうことがあります。

「なんで私がそんなこと言われないといけないの？」

「こっちが悪いわけではないのに、どうして怒られるんだ……」

「なぜあんな自己中心的な人にこちらが合わせないといけないのか？」

そんなふうに悶々としたことはありませんか？

時には、相手の「勘違い」や「被害妄想」により、被害を被ることも。

上司から「この前言っただろ！」(本当は言われていない)と怒られたり、先輩から「私のこと馬鹿にしているんでしょ！」(そう思ってはいない)と突然ののしられたり。

そんなとき、「どう反論すればいいの？」と悩んだことはありませんか？


私も「もういいかげんにして！」と憤りを感じたことがあります。

その場をスッと立ち去り涙を流したり、深呼吸をして耐え忍んだりしたことも。

秘書は、上司の仕事上のストレスを直接受けやすい立場にいます。

組織を導くリーダーだからこそ、背負っている業務上のストレスは想像を絶するものだとわかっていても、自分とはまったく関係のないことで怒られることが続くと、納得がいかず悶々としてくることがあります。

## 「これ以上、私にできることはありましたか？」

どのように上司のストレスに対応すればいいのか。

働く人であれば誰もが一度は考えることではないでしょうか？

あるとき、上司のストレスを2週間受け続けたことがありました。

上司（役員）は、部下のひとりである部長（以下、A部長）の仕事ぶりに満足がいきません。社運もかかっている大きなプロジェクトであり、プロジェクトリーダーが上司、そして関係する部署が、A部長が率いる部署でした。

「能町さん、A部長のスケジュール、ちゃんと見てくれているのかな？」

「はい、スケジュールはすべて把握しております」

「さっきの会議も、話が終わらないうちに時間になってしまった。そして、A部長は、次の会議があるからと逃げ去るように会議室を出ていったんだ。まだ話が終わっていないのに……」

「会議の時間を2時間と、いつもよりも長く時間を取らせていただきましたが」

「それでは、足りない。3時間、3時間だ！」

「申し上げたいことがあるのですが、よろしいでしょうか」

「なんだ？」

「今回の件ですが、これ以上私になにかできることはありましたでしょうか？　力不足の点があるようでしたら教えていただけませんでしょうか」

「そう……、そうだな。いつもより1時間も長く会議を設定してくれた。会議のなかでの話し合いが長くなるか時間通りに終わらせるか、それはミッキーには関係のないことだ。ボクたちが時間内にどうすればいいのか考えることかもしれない」

「差し出がましいことを申し上げてしまいました。社運のかかる大きなプロジェクトに関わっていらっしゃいますから、ストレスは相当なものだとお察しします。ですから、私のできる範囲でお力添えできることがありましたら、なんなりとおっしゃってくださいね」

「申し訳なかった。他の人のミスにイライラしてばかりいたから、日頃のストレスをミッキーにぶつけていたかもしれない」

「私はそんなやわらかなスポンジではありませんでしたね、残念ながら（笑）」

「そうだな（笑）。でも、理不尽なことに対して跳ね返すぐらいでちょうどいい。そうじゃないと、秘書は務まらないからな」

このように、やんわりと伝えることで、最後は笑顔で終わらせることもできます。

誤解、対立、反発、嫉妬……。

ストレートに伝えると嫌がられてしまうことも、タイミングを読み、相手に気づいてもらえるようやんわりと伝えることで、真意が相手に伝わりやすくなります。


理不尽なことを言われたとき、いつも受け入れていませんか？

うまく回避できる話し方を身につけましょう。

生きていると、いつも良い人間関係に恵まれるわけではありません。

**理不尽な人に出会ったら、「反面教師」だと思って接してみてはいかがでしょうか。**

「私はこうなりたくない」と身をもって教えてくれる人だと思えば、むしろありがたい存在に思えてきませんか？

# 第4章

# 笑顔で上手に流せるようになるコツ

# 1

# 相手を変えようとしない

## どうしてわかってくれないの？

言いたいことを言えずモヤモヤすることもあれば、せっかく意見を言ったのに聞いてもらえないこともあります。

「どうしてわかってくれないんだろう？　やっぱり言わなければよかった……」。そう思うこともあるかもしれません。

勇気を持って提案したり、お願いしたりしても、相手にスルーされてしまうこともあります。丁寧に謝っても許してもらえないこともあります。

そのような場面で、他人に「自分の考えを受け入れてもらおう」と時間とエネルギーを費やしすぎていないでしょうか？

人間関係に悩みはつきものですが、相手の反応を気にしすぎてしまうと、せっかくやったことも全部否定したくなってしまいます。これではすべての苦労は水の泡です。

それでは、なるべく他人の言動に気を取られないようにするにはどうしたらいいのでしょうか。それは**「他人の行動は他人のもの」**と認識することです。

## 反応を気にしすぎ

たとえば、あなたが周囲の人に「英語を勉強して話せるようになってもらいたい」と思っているとしましょう。グローバル化が加速するなか、日本語以外に英語が話せると何かと便利かもしれません。

そう思って、あなたはみんなに英語の教材を買ってあげ、プレゼントしました。

ところが、誰ひとりとしてその教材に手をつけてくれません。あなたは、「せっかくプレゼントしたのだから、使ってほしい」と思うことでしょう。

一方で、あなたが教材をあげた人たちにも、「自由意志」があります。

教材をあなたからもらったAさんは、「今は英語よりも他に興味があることがあるから、そのことに時間を使いたい」と思っているかもしれません。

また、Bさんは「英語なんて将来使う予定がないから勉強する気はない」と思っているかもしれません。

Aさん、Bさんそれぞれに自由な考えがあることに気づかなければなりません。

あなたにも「自由意志」があるように、他の人にもそれぞれ「自由意志」が

あります。「良かれ」と思ったことが、相手にとって「いいこと」と思われないこともあるのです。むしろ、「ありがた迷惑」とか「おせっかい」と思われてしまうことも。自分の期待どおりに他人が動いてくれないからと言って、やきもきするのは時間のムダです。

**他人は変えられない。そう考えたほうが、ストレスなくすごせて毎日いい気分になります。**

「パートナーが変わってくれたら」「友人が変わってくれたら」「後輩が変わってくれたら」。

他人を変えることに時間を使いすぎていませんか？　気にするべきことは他人の行動ではなく、自分の行動です。

**相手が動いてくれたか、よりも「自分がしたこと、できたこと」に注目しましょう。**

人を変えるのではなく、ありのままのその人を愛してあげたほうがうまくいきます。

自分のありのままの姿を認めると、他人のありのままの姿も受け入れられるようになっていくのです。

2

# いつまでも引きずる人、すぐに忘れられる人

**「なんであんなこと言われたんだろう…」**

誰かが言ったひとことや、他の人からされたことが忘れられなくて、何日も引きずってしまうことはありませんか？

人の気持ちを敏感に感じ取ってしまう感受性が豊かな人は、必要以上に自分のしたこと、誰かにされたことを気にする傾向があります。

私自身も会社に入りたての頃は先輩に言われたこと、ビジネスでのトラブルなど、何日間も悩んでしまうことがありました。

ですが、私が尊敬しているエグゼクティブの方々は、仕事上で何かトラブルが起き

たとしても、プライベートまでその出来事を引きずるということはまずありません。

彼らの共通点は、ひとつのものに没頭しすぎず、いろいろなものに楽しみを持っている、ということです。


あなたは、何かひとつのことだけに集中しすぎていないでしょうか。

仕事は、何かを成し遂げたという「達成感」を得られやすいものかもしれません。

そのためやみつきになり、「もっと、もっと」と仕事中毒になっていきます。

しかし、**仕事や「特定の人間関係」だけに没頭してしまうと、他の楽しみに触れることができなくなってしまいます。**


春のそよ風、うぐいすの声、小川のせせらぎなど自然に触れる喜び。

子どもが幼稚園へ入園、母親の古希のお祝い、親戚の結婚のお祝いなど家族や親族間の喜びごと。

世の中には、仕事以外にも、嬉しいこと、楽しいことがあふれるほど多くあります。

## 好きなことで頭をいっぱいにする

最近、「楽しみが見つからない」という人が増えてきています。

何をしていても心からの満足感を感じられない。

いつも我慢することに慣れていると、急に「何をしたい」と言われても心が動かず、パッと答えることができないようです。


そんな人たちには、こんなふうに声をかけています。

**「もしもあなたが明日、無人島に行くとしたら、何を持っていきますか？」**

「えっ、そんな急に」「そんな唐突なことを」と思われるかもしれませんね。

でも、少し考えてみてください。

明日行くのですから「あれも、これも」と欲張ることはできませんよね。

何かひとつやふたつ、パッと思い浮かぶものがあるでしょう。

それが、あなたの好きなものです。

私がパッと思いつくのは、香り高いオーガニックのハーブティーやコーヒー、本、音楽。

それは、無人島ですごすときだけでなく、飛行機や新幹線のなかなど時間ができたときにあると心が高鳴り、また、心が落ち着くグッズです。

子どもたちは、楽しいことを見つける名人です。

あなたも子どものときには、目の前に楽しいことがたくさんあったはず。そんな遠い昔の日を思い出してみましょう。

あなたの心の琴線に触れる「何か」が

きっとあるはず。

ここで考えることを少しやめてみましょう。そして、**あなたの好きな「何か」に触れる時間を持つようにする**のです。

あなたの「好き」こそが、心を軽やかにしてくれます。

ホップ、ステップ、ジャンプ。

そんな足音が耳で聞こえてくるぐらい、いつも心を軽やかにしておきたいですね。

# 3

# 人間関係のストレスは必ず身体に出る

## 「私は我慢強い」は自慢にならない

「私ストレスに強いから」
「10円ハゲがこの前できたけど、1ヶ月で治ったよ」
などとストレス自慢されている方をよくお見かけします。

ストレス耐性があるのはいいことですが、ストレス耐性を高めるための訓練をするよりも、もっと大切なことがあります。

それは、**なるべくストレスを感じない環境に身をおく**ことです。

もっとも溜めこんではいけないもの、
それがストレスです。
どんな環境に身をおくか、あなたの居場所を選ぶことができるのは、あなたしかいません。
競争社会の現代において、ストレスがまったくない環境というのはまれでしょう。

ですから、ストレスのかかる環境に身をおいていたとしても、**「どうしたらなるべくストレスがかからないようにできるか」**について真剣に考えておくことが大切です。

体調が悪くなり始めたら、また、体調

がなかなか回復しないのであれば、次のことを考えてみるといいでしょう。

**・この場から離れたほうがいいのか**
**・この場で今よりも快適にすごすためにはどうすればいいのか**
**・この場を今よりも快適な環境にするために、まず誰に話をするといいのか**

## SOSを出していい

何事も、体が資本です。
体が言うことをきかなくなってからでは、手遅れです。
本書の「はじめに」で触れましたが、私がそう思うのは、私の実体験によるものです。
ストレスにさらされ続けると、気持ちがふさぎこんでいくようになります。
どんなに前向きで元気な人であっても、時とともに気持ちが沈んでいきます。
あなたは、次のように思っているかもしれません。

「私はストレスに強いほうだから大丈夫」
「私はタフなほうだから大丈夫」
「私は元気いっぱいだから大丈夫」

そう過信していませんか？
「まさか私がうつ病になるなんて」と、私の周りで心の病を発症した人たちはそう言います。

我慢しすぎないこと、それがストレスを軽減させる唯一の方法です。つらい状況が続くのであれば、ＳＯＳを出すこと。ひとりで考えこまないようにしましょう。

4

# イライラしたときはとにかく場所を変える

## トイレに行く、食事に出る

私が若手社員の頃、人との距離の取り方がわからないため、大きなストレスを抱えていました。

会社を一歩出ると、その日のことを思い返し「ああすればよかったのかも」と後悔の連続。そして、家に帰ってからも食事をつくりながら会社のことを考え、ベッドに入る前になっても会社の人の顔が思い浮かぶ。

そんな状況でしたから、今思えば、心はドンヨリ重い日々をすごしていたと気の毒に思うほどです。

そんな私が、会社を一歩出るや否や、会社のことを一切忘れ、プライベートの時間へと切り替えることができるようになったのは、自分なりの方法を身につけたからです。それは、私だけの秘密の「儀式」。

誰にでもイライラが収まらないというときはあるでしょう。

職場でイライラしたときにスッともとに戻るための私の方法は、次のようなものです。

**・その場を離れお化粧室に行き、ひと呼吸おく時間を持つ**
**・休憩室でコーヒーを飲みながら、頭を休める時間を持つ**
**・親しい友人とランチを一緒にして、話を聞いてもらう**

## スッキリいい気分になる自分なりの方法を持つ

これらの3つの方法は、比較的簡単にできることではないでしょうか。

この他にも、「美容院へ行く」こともありました。

勤務していたオフィスが入っているビルのなかに美容室があったため、ランチの時間帯に美容院に行くこともあったのです。

午前と午後の髪型が違うわけですから、数人から「あれ、朝と髪型違うんじゃない？」と声をかけられました。

「そう、お昼休みに美容院に行ってきたの」と言ったら、目が点になるほど驚いていました。

周りの人たちを驚かせてしまったようでしたが、「スッキリいい気分」になった私は、それまでのノラノラが吹き飛んでいました。

その後、スッキリした気分で仕事をするために、ランチの時間帯にシャンプーをしてもらったという人に会ったり、ランチの時間帯にスポーツクラブで泳いできたという人に会ったり、人それぞれではありますが、ランチの時間を有効活用している人は少なくないことがわかりました。

このように、イライラしたときにスッともとに戻る方法を身につけておくことで、感情を切り替えることができます。

その結果、**これまでの気持ちを引きずることなく、スッキリとした新たな気分で、気持ちよく仕事やその他のことに取り組むことができるようになります。**

心をスッキリ切り替える方法は、人によってそれぞれ。

あなたは、どんな儀式を行いますか？

5

# 「同じ土俵に立たない」という防御策

## ひどいことをした「相手」に怒っては負け

大変な事態が発生したとき、決して相手と同じ土俵に立ってはいけない。

これは、私が秘書として働いていたとき、よく上司から言われていた言葉です。

「土俵」というと、日本の国技である相撲を思い出す人も多いでしょう。

大相撲では、「横綱」という階級が番付の最高峰です。その下に、「大関」「関脇」「小結」「前頭」と続きます。

一方、番付に載らない階級の力士もいます。「前相撲」と呼ばれる階級にあたる力士です。

同じ力士であっても、番付の最高峰である「横綱」の経験値と、番付に載らない「前相撲」の経験値には、大きな隔たりがあります。

「横綱」になれる人は、ほんのひと握りの力士だけです。

「同じ土俵に立たない」というのは、わかりやすく言うと「横綱」は、「前相撲」と同じ土俵で相撲を取らないという意味です。

人生も相撲と同じです。

あなたが誰かから裏切られたとき、「裏切った人」と同じ土俵に立ってはいけません。あなたが誰かからだまされたとき、「だました人」と同じ土俵に立ってはいけないのです。

## もっと高い視点に立つ

「なんてひどい人なんだろう。許せない」という気持ちを持つことは、人間であれば

自然なことです。ですが、相手と同じ視点で物事を考えないこと、それがとても大切です。

わかり合えない人もいる、と知ったほうが人生をラクに生きることができます。

ビジネスにおいて、リーダーたちは常に、どの「視点」で考えるのか、どの「視座」で物事をとらえるのかということに人一倍気をつけています。

**何か大きな問題が起きたとき、当事者に寄り添いながらも、同時により大きな視点で物事をとらえることに力を注ぎます。**

問題そのものや、問題が起きるきっかけとなった当事者と同じ視点で物事を考えない、ということです。

もっと大きな異なる視点でその問題をとらえ、解決策を見出そうとするのです。

## ひと呼吸おいて心をしずめる

怒りがわいてきたとき、それをしずめるシンプルな方法があります。

それは「ひと呼吸おく」ということ。

どんな場面であっても、怒りやイライラをしずめることができる人は、言葉を発する前に、ひと呼吸おくことを心がけていると言います。


**一流の経営者たちも、決してカッとしないわけでも、怒りの感情を持たないわけでもありません。ただ、カッとなったときにパッと言葉をぶつけることなく、ひと呼吸おいているだけです。**

そのひと呼吸のおき方は、人によってそれぞれ違います。

ひと呼吸をおくリーダーの姿を何度も見たことがあります。

「ちょっと席をはずすから」と言うのは、「少しの間ひとりにしておいてほしい」というリーダーと秘書の間での秘密の暗号のようなものでした。

オフィスから出て外の空気に触れにいく人もいれば、隠れ家のようなところに身を置くことで、一時的にひとりの時間を持つ人もいます。

面白いなと思ったのは、おもむろにデスクから画材を取り出し、無心になって絵を描き始める人がいたことです。

このように、人によって「ひと呼吸のおき方」は異なります。

怒りをしずめるために、まず、ひと呼吸をおくことで自分の心を整えているのです。

6

# 「人は人、自分は自分」と思えますか？

**「あの人ばかりずるい」「うらやましい」…**


「あんなに陰で悪いことをしているのに、なぜあの人は幸せそうにしているのか」

「私のような善人がこんな目にあうなんて、世の中はなんて不公平なんだろう」

「あの人のように人の悪口を言っている人が、なぜチヤホヤされるの？」

そんなふうに思ったことはありませんか？


**ある人の「一時期」だけを見て、相手が幸せかどうか判断しがちです。**

**それは、その人にとっての長い人生のなかでの「ひとつの段階」にすぎません。**

相手のその時間だけを切り取って、自分と比べ「理不尽だな」とか「不合理だな」と思うこともあるかもしれません。

でも、そう思って日々をすごすことは、つらいことではありませんか？

「あの人がうらやましくて」

そんな気持ちですごしていては、自分の人生を歩んでいくことができません。いつも人と「何か」を比べている人は、心休まるときがないでしょう。

「他人は他人」、そして、「自分は自分」と割り切ることが、時には必要です。

あなたの働く職場を見渡してみてください。

強い人にはペコペコして、弱い人には徹底的に見下す人。自分にとって都合の良い嘘ばかりつく人。自分を棚に上げて徹底的に人をこきおろす人。

そんな人たちをみて、あなたはどんな気持ちになりますか？

きっと、「私はどんなことがあっても自分の良心が恥じること、後ろめたいことはしない」と思うことでしょう。

それがあなたのスタンス（立ち位置）。

そう決めたならば、そのスタンスを貫きながら日々仕事に励むのが効果的です。

## 隣に誰が座っても、自分の仕事を全うする

たとえ、隣に「あなたとやり方の違う人」が座っていたとしても、**「私には私なりのやり方がある」と心に決めて対処する人には、その場でのプレゼンス（存在感）が高まります。**


「私は私」、そして、「相手は相手」と割り切ること。

不思議なもので、そう覚悟を決めると、少しずつ相手のことが気にならなくなっていくものです。


つい「他人」と「自分」を比べてしまう人は、こんな問いを投げかけてみましょう。

**「いったい私はどうしたいのか？」**

幸運のカギは、あなたの心のなかにあります。人生を軽やかに、ダンスするように

自分は自分!

生きるための秘訣があります。

それは、自分の基準を持つこと。そして、自分なりのスタンスやポリシーを持つこと。

人と比べ始めたらきりがありません。そんなことにあなたの貴重な時間を使ってしまうのは、時間の浪費だと思いませんか？


自分にハッキリと宣言しましょう。

もう他人を基準に生きる人生を送らない、と。

そして、自分の思いを大切に、自分の言葉で語れるようになることで、あなたの人生は美しく輝いていくのです。

# 7

# 近づいてはいけない人もいる

## 性善説を信じたけれど…

「性善説」や「性悪説」という言葉を聞いたことがある人は多いでしょう。

「人の本質は善」「人の本質は悪」

あなたは、どちらの説を支持していますか？

私は基本的に「性善説」を支持していました。今でも「性善説」を支持したいと心から思っています。

ところが、「世の中の人はすべてとは言わないまでも、ほとんどいい人のはず」という私なりの神話を持っていましたが、会社を辞め、独立してからその神話がガラガラと崩れていきました。

私を利用しようとして、近づく人が急に増えてきたのです。

## 嘘つきは治らない病気

もしかしたら、こんなふうに思っていませんか？

「嘘をつく人がいたとしても自分の周りにはいないはず」

私自身もそう思っていました。

しかし、第1作目『誰からも「気がきく」と言われる45の習慣』が20万人以上の方にお読みいただくこととなり、ベストセラーとなってからのことです。

**世の中には嘘をつく人もいる、そして、嘘をついて近づいてくる人はけっこう多い**ものだと気づいたのは、その頃でした。

嘘ばかりつく人は百害あって一利なしです。虚言癖のある人は、いつまでたっても虚言を繰り返します。

そんな人に力を貸す必要はあるのでしょうか？

これは、私への戒めの言葉でもありますが、ガラスのような心を持つ心優しいあなたにだからこそ、伝えておきたいのです。

「嘘ばかりつく虚言癖のある人」や「言葉たくみに言い寄ってくる人」からは、そっと離れましょう。それがあなたのためでもあるのです。

8

# 「清濁あわせのむ」の意味

## 落ちこむ出来事はいくつになってもある

人生は、決断の連続です。

日常のささいな決断が、人生の流れを大きく変えていってしまうこともあります。

「まさか自分にこんなことが起きるなんて」

突然起きた予期せぬ事態に、呼吸ができなくなってしまいそうになるほど、ショックを受けることもあるでしょう。

まさに、人生どん底。私も、そんな気分になったことがあります。

最近、よくこんな質問を受けます。

「落ちこんでしまって、どうにも立ち直れないときにどうすればいいですか？」

ショックからの立ち直り方は人によって違うでしょう。他の人がどうであれ、自分なりの方法を持っていることが大切です。

私の場合、ひとことで言うと「冬眠」します。ショックが大きすぎて立ち直るのに時間がかかりそうな場合、熊が寒い冬に冬眠するように、私も「冬眠」します。

私にとって「冬眠」とは、なるべくひとりになる時間を持つということ。

**落ちこむときは、「ど〜ん」と「とことん」落ちこみます。そして、好きな場所で好きなことをします。**

のんびりダラダラとすごすこともあれば、自然のなかに身をおくこともあります。

人に会いたくないと思うときは、自ら会うことを求めません。

心が癒されていないと感じているうちは、「決して無理はしない」と決めているからです。

落ちこんでいるとき、周りの人たちから「週末にランチをしない？」「今度の土曜日にあそこに行かない？」というお誘いがあるかもしれません。まだ心の準備ができていないのであれば、ハッキリ断ってもいいのです。

**人が落ちこむとき、心は不安な気持ちでいっぱいになります。**

**そのため、いつも以上に他人の言葉が心に染み渡るものです。**時には、相手のちょっとした言葉が、あなたの癒されていない心に槍のように突き刺さることも。

あなたがまだ心の準備ができていない

と思うのであれば、ハッキリと断りましょう。

そのほうがあなたのためにも、そして、相手のためにもなります。

## 「いろいろあった」で人間に深みが増す

好きなことをしていると自然と心が和らぎ、いつの日かまたもとの自分に戻る日がやってきます。**自分の歩幅でゆっくりと進んでいるうちに、たとえ数年かかったとしても心が元気を取り戻すときが必ずやってくる**のです。

そして、ふたたび元気になってきた頃、「新たな自分」が誕生していることに気づきます。


新たな自分との出会い。

「よくがんばった」

そう自分に声をかけてあげたくなるでしょう。

暗闇のトンネルから、一筋の光をたよりに抜け出してきた「自分」を「祝福」してあげたくなるものです。

清濁あわせのむ人は、魅力的である。

**困難を乗り越えた人は、人間としての深みが増すことで「人間力」が高まり、ますます魅力的な存在になっていきます。**

今まで強がっていた人が、ふんわりやわらかいイメージも備わり、人間味あふれる人に変身したり、これまで自信がなかった人が、存在感あふれる素敵な人へと変身したりします。人生どん底と思うときこそ、何よりも自分を大切にしてあげましょう。

自分を見つめる時間を持つ。

そのためには、いつも以上に「イエス」「ノー」をハッキリ言うことが重要になります。あなたの意志を大切にすることで、人生の新たな1ページが開かれていくのです。

# 第5章

# 人生でプラスになる人間関係を築いていくために

1

# したいことは「したくない」と宣言していい

## 他人が気になるのは共感力が高い証拠

「嫌われたくない」「うまく言えない」と思う自分を、マイナスに思ってしまうこともあるかもしれません。

「気にしすぎかも」「言えない自分がイヤ……」

しかし、他人のことを気にしてしまうのは、裏を返せば他人の気持ちがわかり、優しい心を持っていることの証明なのです。

そして、私は人の心に共感できる、優しい人たちこそ、もっともっと世の中で活躍し、社会にとって必要とされる人になれると思うのです。

最終章では、心優しいみなさまが言いにくいことをハッキリ言うことで、**人生の「主人公」として生きていく**手立てをご紹介していきたいと思います。

自分の「使命」を見つけ、自分らしく生きることができたら、こんなに嬉しいことはありません。

でも、「私にはどうせ無理」「私にはこの程度の生活がちょうどいい」と、あきらめていませんか？　また、あなたの心の声を無視して、そう自分に言い聞かせようとしていないでしょうか？

「はい」「いいえ」をハッキリ言うという習慣を持つだけで、人生が大きく変わっていきます。

## 目立たないのが一番？

日本語では、ハートのことを「心」と言います。

人生のすべてを感じているのは「心」です。

「頭」でいろいろと考えすぎてしまい、「心」を疎かにしていませんか？


あなたの「頭」は、あなたの「心」にこうささやくかもしれません。

「みんながそうしているからこのほうが無難だ」

「こうしておいたほうが周りからよく思われる」

「あまり目立たないようにしておこう」

あなたの本意でしょうか？


**人生を楽しんでいる人たちは、何よりも「心」を大切にしています。**

あなたは今、人生を十分楽しんでいないと感じているかもしれません。毎朝気持ちよく目覚めることができていますか？

「今日はどんな楽しいことがあるのだろう」

そんなふうに思いながら、気分よく目覚めることができたら幸せですよね。

「今よりも人生を楽しみたい」

そう思うのならば、まずしなければならないことがあります。

それは、**何かひとつ「やらないこと」を決めること**です。

## 勤務形態の変更を上司に直談判

今の生活のなかで、嫌々やっていることはありませんか？

「できることなら、これだけはやめたい」ということです。

これは、周りの人が「やめたほうがいいよ」ということではありません。

もちろん、周りからのアドバイスは、あなたにとってためになるものが多いでしょう。

でも、今回は「やりたくない」と心から思うことをひとつ挙げてみてください。

どんなことでしょうか？

私の友人（以下、Aさん）の例をご紹介しましょう。

Aさんがもっとも「やりたくないこと」は、「満員電車に乗る」ことでした。

以前は、片道1時間で会社まで行くことができたのに、会社の移転により通勤時間が2倍になったそうです。毎日往復4時間の満員電車に乗ることが苦痛で仕方がなくなってしまったのです。

職場の近くに引っ越しをすることが最良の方法でしたが、Aさんにはひとりお子さんがいたため、転校させるのはかわいそうという思いから、すぐに引っ越しをすることはできませんでした。

そこで、Aさんは、週5日のうち1日でも「自宅勤務」ができればいいと考えました。そして、子どもが小学校を卒業するタイミングで、引っ越しをしようと考えたのです。

折しも、会社側も社員の「自宅勤務」を奨励し始めたときでした。

Aさんは、「自宅勤務」ができるように上司と交渉をしたそうです。

何度も上司との話し合いの場を持った結果、最終的にAさんの望みは叶いました。

望みが叶ったAさんは、次のように言います。

「たった1日でも、満員電車に乗らない日があるだけで、こんなに幸せを感じられるなんて思ってもみなかった」


このように、**「やりたくない」ことを少しでも手放すだけで、今すでにある「幸せ」に気づくことができるようになります。**

たとえ、相手が上司であろうと、誰であろうとあなたの思いを伝えてもいいのです。

周りの人たちの気持ちを優先しすぎてしまい、あなたの気持ちをハッキリ伝えられないでいませんか？

あなたの勇気ある「ひとこと」が、一歩前へと踏み出すきっかけとなるのです。

# 2
# 職場の人を好き嫌いで分けない

## 「白か黒か」で生きていませんか？

人と付き合うとき、こんなふうに考えていませんか？

「この人は好き、あの人は嫌い」
「この人とは付き合っていける、あの人とは付き合っていけない」
「この人は私と同じタイプ。あの人は私と違うタイプ」

このように、「この人」と「あの人」を分けてしまっていませんか？

「白」と「黒」というように、ハッキリと区別をしてしまう。実は、私もそのような傾向がありました。

ですから、無意識のうちに「白」と「黒」と分けるクセがある人の気持ちがよくわかります。これでは、人付き合いを楽しむことができませんよね。

せっかく人間として生まれてきたのですから、多くの人と知り合い、楽しい時間をすごしたいものです。

秘書は、上司を取り巻くすべての人のコミュニケーターとして、毎日さまざまな人たちと接しながら仕事を進めていかなければなりません。

それなのに、「この人はこういう人」「あの人はああいう人」と決めつけてしまっていては、うまくいく仕事もうまくいきません。

## いろんなタイプがいるから面白い

以前、無理難題を言ってくる人と仕事をして落ちこんでいたときに上司（Aさん）

とした会話が今でも胸に残っています。

「Aさんは、世界中の人たちと仕事をしながら、人付き合いも楽しんでいらっしゃいますね。何か秘訣はあるのでしょうか」

「あぁ、会社は動物園だと思っていることかな」

「会社は動物園⁉」

「そうだ。動物園にはユニークな動物たちがたくさんいるだろう。たまに猛獣もいる（笑）。会社も同じというわけだ。

人が来るとわめき散らす動物もいれば、のんびりすごしている動物もいる。1日のほとんどの時間寝ている動物もいる。人間も同じさ。いろいろなタイプの人間がいるから面白い、そう思うと気がラクになる」

「はい。毎日いろいろなタイプの方と仕事をさせていただいています」

「それはいい経験だ。それぞれの動物が特殊性を持つように、会社の社員もみんな特殊性を持っている。つまり、みんな個性的だっていうことだ」

「なかには個性が強すぎる方もお見受けしますが……」

**「会社では、一度に面白い人たちと会える。そう考えると、会社に来ることに感謝の**

# 第５章



# 人生でプラスになる人間関係を築いていくために

**気持ちがわいてくる**ものだ。こんな面白いプレイグランドはないからね」

人には、いろいろなタイプの人がいる。

このやりとりがあってから半年が経過する頃、誰とでも話ができる自分へと変化していました。

「能町さんって、どんな人とでも話せていいですよね」という同僚の言葉により、「あぁ、もう白と黒の世界が終わった」と実感したのです。

「この人は苦手」と思っても適度な距離をとって付き合っていこう。

「あの人は私と違うタイプ」と思っても、とりあえず話しかけてみよう。

「白」や「黒」だと思っていた人だけでなく、「グレー」の人たちとも積極的に交流するようになっていきました。

すると、彩りにあふれた多様な人間関係がつくられていったのです。そうすることで、ある特定の人に対する苦手意識が薄れていきました。

自分の心も和らいでいき、人と会うときに穏やかな気持ちでいられるようになったのです。

# 3

# 「強み」のある人には誰も文句を言わない

## 「私なんてたいしたことない」

人生に悩んでいる人に、私はよく次のような質問をします。

「もし、お金と時間と健康が充分にあるとしたら、何をしたいですか？」

この魔法の質問は、人を自由にしてくれます。

「そんなこと考えてもみなかった」と答える人が多いなか、パッと言葉がわいてくる人もいます。

それは、心の底に眠っている願望であり、その人の「好きなこと」です。

自分らしく働き、自分らしく生きたい。
そう思っているのに、自分のことがよくわからず、どうしていいのかわからない。
そんな悩みを持っていませんか？
もしもそうであれば、次のことを考えてみてください。

**・あなたが得意とすることは、何ですか？**
**・自分で思わずやってしまうけれども、周りの人から驚かれることは何ですか？**
**・あなたが他の人たちと違った経験をしてきたとしたら、それは何ですか？**
**・周りの人からよく声をかけられることは何ですか？**

これらの質問は、あなたの「好き」を思い出させてくれます。

## 周囲から一目おかれることは必ずある

「そういえば、小学生のときにこんなことが得意だった」

「振り返ってみると、中学生のときにこんなことに夢中になっていた」

「忘れていたけれど、高校生のときに周りからこんなことで驚かれた」

昔の思い出から、「好き」を紐解いていってみましょう。


昔「好き」だったことが、今の「好き」につながっていることがあります。なぜこれほどまで、「好き」を見つめることが大切なのでしょうか。

なぜなら、**「好き」は、「強み」でもあり、「魅力」**だからです。つまり、「輝きの源泉」なのです。


ダイヤモンドの原石は、磨くことで輝きを放つことができます。ダイヤモンドは磨かなければただの「石」ですが、磨くことで「宝石」へと変わります。

あなたも、ダイヤモンドの原石と同じ価値があります。

磨くか磨かないかは、あなた次第。


最近、周りの人たちから言われたことを思い出してみてください。

「○○さんって、○○だよね」

「〇〇さんって、〇〇が上手だよね」

「意外ね、〇〇さんってこんなことも知っているのね」

そんなふうに言われたことはありませんか？

周りの人たちのほうが、あなたの「素晴らしさ」を知っていることがあります。

「自分」のことは、なかなかわからないものです。そんなとき、周りの人の声に耳を傾けてみましょう。

周りの人たちが伝えてくれるあなたの「素晴らしさ」。

それは、あなたの「強み」であり、あなたの「魅力」なのです。

## 「自分軸」を持つと遠慮なく意思表示できる

自分の「強み」を活かした仕事をすることで、無理なく自然に能力が発揮できます。あなたは、そのままで素晴らしいのです。

いつまでも努力して、「強み」や「得意なこと」を増やそうとしていませんか？

すでに持っているあなたの「魅力」に気づきましょう。

**「強み」や「魅力」を知っていると、「自分軸」を見つけやすくなります。**

「自分軸」を持っている人たちは、「はい」「いいえ」と遠慮なく言い、相手にハッキリ意思表示をすることができます。

なぜなら、自分の魅力を知っているため、自信に満ちあふれているからです。

「自分軸」を持つこと。

そこには、どんなときでも「ぶれない自分」がいます。

ハッキリと言いにくいことも、ますます言えるようになるのです。

# 4 本当にしたい仕事に「呼ばれる」ために

## 天職に出会いたい

日常生活では、嬉しいこと、楽しいこと、悲しいこと、つらいことなど、さまざまなことが起こります。離別や死別など悲しいことやつらいことが起きたとき、立ち上がれなくなってしまうこともあります。

以前の職場で、離婚した人たちは次のように言っていました。

**「離婚のことでゴタゴタしていたとき、同僚と話しながら仕事をすることで救われた」**

**「心も体もボロボロだったけれど、仕事があったからこそ立ち直ることができた」**

**「嫌な思いばかりしてきたけれど、仕事があったからなんとか自分を取り戻すことができた」**


このように、仕事のありがたさを語る人が多いのです。

そんなつらいときに、なぜ仕事のことを思い出すのか、と思う人もいるかもしれません。

ところが、彼ら、彼女らは、そう言うのです。

その人たちにとって、それまで仕事は、日々行うことにすぎなかったのかもしれません。ところが、つらいことが起こり、仕事を通じて立ち直った経験を通じて、実は天職だったのかもしれないと気づいたのでしょう。


天職とは、文字どおり「天の職」です。

「天に与えられた職」と言ってもいいでしょう。

もしもあなたが「今の仕事は天職」と素直に思えるのであれば、とても幸せなことです。なぜなら大半の人が、今の仕事を天職だと思って仕事をしていないからです。

## チャンスは必ずめぐってくる

天に仕えるとは、この世に生まれてきたからこそ与えられている、人間としての可能性を追求するということ。

その仕事をしていると、ミッションのようなものを感じて、あまり苦に思うことがありません。

また、その仕事を通じて得られる経験、感動、満足感などはお金に換算できないほど貴重なものとなり、その人の人生を彩ります。

天職につくとき、この仕事が天職とわかるサインがあります。

たとえば、こんなサインです。

- **前もって決めていたわけではないのに、いつの間にかその仕事についていた**
- **今はその仕事に就いていなくても、いつかその仕事に就くだろうと感じる**

**・とくに希望していたわけではないけれども、突然チャンスが回ってきた**
**・なんとなく好きで始めたら、すんなりできるようになった**
**・その仕事以外は、考えられないような気がする**

何か気になるサインはありましたか？

天職についている人は、たとえどんなに困難が多くても、自然に道が開いていきます。

その人がそこで仕事をしているだけで、周囲の人たちに優しさやパワーを与え、仕事を通じてポジティブなエネルギーを分け与え、広げていくことができます。

私が秘書として働き始めたのも、「偶然」がきっかけでした。

留学を終え、帰国してから仕事を探していたときの私の希望は、「日常的に英語を話しながら仕事をしたい」というものでした。

人材紹介会社の担当者から、「通訳者はどうですか？」と言われましたが、当時はとても通訳をする自信はなく、「難しいです」とお答えしました。すると、「それではアメリカ人部長付き秘書はどうですか?」と言われたのです。

そして、トントン拍子にことが進み、実際に秘書という仕事をしてみると「楽しい!」と思うことが多くあり、10年間、「秘書は天職!」と思いながら仕事をしてきました。

## 「こんなことをしてみませんか」の依頼を大切に

また、私が本を書き始めるようになったのも、「奇跡」が重なったとしか言いようがありません。奇跡の連続により、第1作目が誕生しました。そして、その本はベストセラーとなりました。

私の場合、前もって決めていたわけではなく、いつの間にかその仕事についていた、ということが何度かあります。

**何か「Calling =呼ばれる」感じがするとき、それが「仕事」となり、時間がたつにつれ「志事」になっていく。そして、それが、「天職」へとつながっていく。**私は、そんな感覚で「仕事」をとらえています。

あなたは、絶対にこの仕事でなければならないと思いこんでいませんか？

そう思わずに、やわらかな心をもって「したい」を追求しながら、「こんなことしてみませんか」という相手からの依頼も考慮してゆく。

そんな柔軟な気持ちで、仕事と向き合っていくのがちょうどいいのかもしれません。

**「天職」を持っている人たちの心は、柳のようにしなやかで強いものです。**

なぜなら、「これが私の使命だから」とわかっているからです。

それぞれの「使命」をまっとうするためにどう振る舞えばいいのかがわかる。すると、自然に言いにくいこともハッキリと言うことができるようになるのです。

5

# どんなときも「存在感」を放つ

## 教育実習生でも教師然とする

日本人は、自分のスタンスを表明することが苦手だと言われます。それゆえ、こんなエピソードがあります。

私がオーストラリアの学校で、教育実習を行ったときのことです。英語を母国語としない生徒たちに英語を教えるＴＥＳＯＬというクラスで、私は英語を教えることになりました。

生徒たちは、日本をはじめ、韓国、ベトナム、タイ、オランダ、パプアニューギニアなどの国籍を持つ子たちでした。日本の教育システムに当てはめると、中学2年生ぐらいの子たちです。

困ったことに、先生である私が、一部の生徒よりも英語が話せないという状況でした。

国費留学生としてパプアニューギニアから多くの生徒たちがオーストラリアで勉強していました。彼ら・彼女らは、小さい頃からBBCなど英語のニュースを聞いて育ったため、英語を聞くことになんら抵抗はありません。

そんななか、職員室で授業の前に、アドバイザーである先生は教育実習生の私にこう言いました。

「今、とても緊張しているんじゃない？」

「はい、もう心臓が飛び出しそうなぐらいです」

「大丈夫よ。このクラスの一番の目的は、なんだかわかる？」

「えっと……」

「生徒たちが英語を話すことが目的よ。だから、先生であるあなたがあまり話してはいけないの。だって、生徒たちが話す時間が少なくなってしまうでしょ？」

「はい」

「どう？　少しプレッシャーがなくなってきたんじゃないかしら？」

「はい。どのタイミングでどのように話そうかとばかり考えていたので、気がラクになりました。ありがとうございます」

「よかったわ。大事なことは、教育実習生であったとしても、先生というプレゼンス（存在感）を保ち続けること。いいわね」

こうして、授業が始まりました。

## 誰の前でもあとずさりしない

アドバイザーの先生は、一部の生徒よりも英語が話せないという私のコンプレックスを見事に見抜いていました。

授業直前にアドバイスをもらえたことで、私自身とても楽しく授業をすることができたのには、とても驚きました。「英語が話せない」という不安は、いつの間にかなくなっていました。

この経験により、話す相手がどの国の人であっても、どんな立場の人であっても、英語を話すことへの恐怖心がなくなっていきました。このことは、のちに外国人エグゼクティブを補佐する秘書として働くうえで、大いに役立ちました。

アドバイザーの先生のひとことにより、「物おじせずに英語を話せる勇気」を得たのです。**伝えたい内容をしっかり持っていれば、英語で表現することはできる**のです。

**そして、何よりも自分のプレゼンス（存在感）を高めることで、「コンプレックス」ですらも、「そんなに気にならないこと」へと変えることができます。**

どんな人でも、コンプレックスはあるものです。コンプレックスにばかり意識を向けていると、萎縮してしまいます。

「なんでこんなこともできないのか」と情けなくなったり、「他の人はできるのに」とうらやんだり。

**コンプレックスに意識を向けずに、あなたのプレゼンス（存在感）に意識を向けましょう。**そう気づいたとき、あなたという「存在」が輝き始めるのです。

あなたの「存在」が輝くと、相手がどんな人であろうと、「対等に」接することができるようになります。気持ちのうえで「あとずさりしない」のです。

あなたは、「あなたでいる」ことを自分に許していますか？

かけがえのない「自分」という「存在」。

そのことに気づけば気づくほど、どんな人に対してもハッキリと伝えることができるようになるのです。

# おわりに

「どっちに進めばいいのかわからない」

そんなとき、「運」に身を委ねたくなるものです。

みなさんにとって「運」とは、どんなものでしょうか？


これまで「運がいい人」と話をしてきて、あることに気づきました。

それは、「運」は、「頑固な人」よりも「素直な人」に訪れるということ。

あなたの目の前に「頑固な人」と「素直な人」がいたとしら、きっと「素直な人」と長く付き合いたいと思うのではないでしょうか。


「運」も私たちと同じように、「素直な人」とお付き合いしたいのです。

今思い返すと、あるときから、私にも「運」が味方してくれるようになりました。

それは、「自分らしく生きよう」と決めたときからです。

これまでの自分では想像すらできないことが、起きるようになりました。

・憧れの場所（代官山や京都など）に住む
・いい上司に恵まれ、秘書として楽しく働く
・処女作『誰からも「気がきく」と言われる45の習慣』がベストセラーとなる
・10年間のOL生活を卒業し独立し、自由な時間を得る
・京都の美大で伝統文化を学ぶ

これらは一例にすぎませんが、どれも私が「こうしよう」と強く願ったというよりも、いつの間にかそうなっていたものばかりです。自分の思考を超えた「何か」、それを「運」というならば、「運」が味方してくれたのではないか、と思っています。

「運」は、「素直な人」が好き。

素直な人は、「これ」と決めた道に紆余曲折しながらも実直に進もうとします。その姿を見て、「運」が、そばで応援してくれるのでしょう。

「運」に愛される人になるためには、自分の心に正直になり、自分の歩む道を決めることです。

先日、小学校の同窓会に参加したとき、面白いなと思ったことがあります。

参加者が、一人ひとこと言う場面がありました。

ある人は「平々凡々な人生に飽き飽きしている。この先も平凡な生活が続くかと思うとつらいものだ」と嘆き、一方で、ある人は「波瀾万丈な人生で大変だ。はやく穏やかな生活を送りたい」と不満をもらしていました。

「平凡な人生」を送っている人は、「波瀾万丈な人生」を望み、また、「波瀾万丈な人生」を送っている人は、「平凡な人生」を望んでいたのです。

どうしたら幸せで満足のいく人生を送れるのか。

これは、人間にとって永遠のテーマなのかもしれません。

あらためて思ったのは、「幸せな人生を送っているかどうか」なんて、人と比較して味わえるものではない。自分の心のなかに幸せを感じられるかどうか、それが大切なことである、ということ。

「人生山あり谷あり」というフレーズをよく耳にしますが、前述の2人の話を聞いていると、その「山」が高ければ高いほど素晴らしい人生であるというわけでもなさそうです。

「幸せな人生」な人生を送るためには、まず自分の心に素直になること。そのために、人生の転換期など重要な場面ではもちろんのこと、日頃から「ハッキリと言う」習慣を身につけておくことが重要であることを、本書を通じておわかりいただけたならば著者としては本望です。

今までずっと我慢してきた人にとって、どうすればいいのかわからないかもしれません。そんなとき、ぜひ本書を読み返してみてください。

自分の道を歩もうとするとき、「ノー」と伝えなければならないときが必ずやってきます。そんなとき、「試されているんだな」と感謝の気持ちを持って、おじけずに「ノー」と伝えてみてください。

そして、あなたが「イエス」「ノー」をハッキリ言えるようになったとき、周りを見渡してみましょう。

「あれ、なんだか人生が変わってきている」。そう思えたなら、あなたは、自分の「人生の舞台」に立つことができたということです。


最後になりますが、私の執筆をそばで優しく支えてくれたすばる舎のみなさん、また、この本にたずさわってくれたすべての方々に、心からお礼申し上げます。

そして、何よりも本書を手に取ってくださったみなさまとお会いできた奇跡に感謝いたします。本書が、微力ながらみなさんのお役に立つことができれば、著者としてこれほど嬉しいことはありません。

正々堂々と「人生」という名の道の真ん中を歩き、「自分らしい人生」を歩んでいきましょうね。みなさまの人生が素晴らしいものとなりますよう、心より願っています。

2016年8月　横浜にて　能町光香

〈著者紹介〉

**能町光香**（のうまち・みつか）

◇－株式会社リンク代表取締役。人材育成コンサルタント。
青山学院大学、The University of Queensland 大学院卒業。

10年間、ティファニー・アンド・カンパニー・ジャパン・インク、バンクオブアメリカ・メリルリンチなどの外資系企業で10名のトップマネジメントを補佐するエグゼクティブ・アシスタント（社長・重役秘書）を務め、彼らのパートナーとして活躍した後、独立。日本では数少ない上級米国秘書検定保持者。

さまざまな人たちと仕事をするなかで、「ハッキリと伝える」ことがコミュニケーションにおいて重要であることに気づく。現在は、一流秘書養成スクールを創設し、秘書の養成に力を注ぐとともに、執筆ならびに講演や企業研修を精力的に行っている。また、サービス・ホスピタリティ・アワード審査委員を務めるなど、経営的課題として「サービス・ホスピタリティ力」の重要性を説き、ホスピタリティ・マネジメントの啓蒙普及を行う。
◇－著書には、20万部突破のベストセラー『誰からも「気がきく」と言われる45の習慣』（クロスメディア・パブリッシング）のほか、『一流秘書だけが知っている信頼される男、されない男』（サンマーク出版）、『エグゼクティブ秘書が教える一流の仕事術』（日本能率協会マネジメントセンター）、『なぜあの人は定時に帰っても信頼されるのか？』（ポプラ社）などがある。

公式ホームページ
http://www.link2u.co.jp

**言いにくいことをハッキリ言っても好かれる人の習慣**

2016年8月13日　第1刷発行
2016年9月4日　第2刷発行

著　者――能町光香
発行者――徳留慶太郎
発行所――株式会社すばる舎
東京都豊島区東池袋3-9-7 東池袋織本ビル　〒170-0013
TEL　03-3981-8651（代表）　03-3981-0767（営業部）
振替　00140-7-116563
http://www.subarusya.jp/
印　刷――図書印刷株式会社


ISBN978-4-7991-0502-3